I0760013

DES INTELLECTIONS

A catalogue of 13th-century Sophismata. Part I: Introduction and Indices; Part II: Catalogue, by S. Ebbsen and F. Goubier, 2010, 1024 p.

ABÉLARD Pierre: *Des intellections*. Texte latin établi, introduit, traduit et commenté par P. Morin, 1994, 176 p.

– *De l'unité et de la trinité divines*. Intro., trad. et notes par J. Jolivet, 2001, 144 p.

ALBERT LE GRAND: *Métaphysique. Livre XI, Traités II et III.* Texte latin établi, introduit, traduit et annoté par I. Moulin, 2009, 480 p.

AVERROÈS: *La béatitude de l'âme*. Édition, traduction, études doctrinales et historiques d'un traité d'"Averroès" par M. Geoffroy et C. Steel, 2001, 336 p.

– *Commentaire moyen sur le* De interpretatione. Introduction, traduction et notes par A. Benmakhlouf et St. Diebler, 2000, 208 p.

– *Grand Commentaire (*Tafsîr*) de la* Métaphysique. *Livre Bêta.* Traduction de L. Bauloye précédé de *Averroès et les apories de la* Métaphysique *d'Aristote*, 2002, 336 p.

BRENET Jean-Baptiste: *Transferts du sujet. La noétique selon Jean de Jandun,* 2003, 512 p.

CESALLI Laurent : *Le réalisme propositionnel. Sémantique et ontologie des propositions chez Jean Duns Scot, Gauthier Burley, Richard Brinkley et Jean Wyclif,* 2007, 496 p.

DEMANGE Dominique: *Jean Duns Scot. La théorie du savoir,* 2007, 480 p.

ERISMAN Christophe: *L'Homme-Commun. La genèse du réalisme ontologique durant le haut Moyen Âge*, avec une préface de J. Marenbon, 2011.

GUILLAUME D'AUVERGNE: *De l'âme* (chap. VII, 1-9), Introduction, traduction et notes par J.-B. Brenet, 1998, 168 p.

GUILLAUME HEYTESBURY : *Sophismata asinina. Une introduction aux disputes médiévales.* Présentation, édition critique et analyse par F. Pironet, 1994, 644 p.

GUIRAL OT: *La vision de Dieu aux multiples formes*. Quolibet tenu à Paris en 1333. Édition, traduction et introduction par Ch. Trottmann, 2001, 288 p.

JEAN BURIDAN: *Sophismes.* Texte introduit, traduit et annoté par J. Biard, 1993, 304 p.

La condamnation parisienne de 1277. Texte latin traduit, introduit et commenté par D. Piché, 1999, 352 p.

La *sophistria* de Robertus Anglicus. Étude et édition par A. Grondeux et I. Rosier-Catach, 2006, 416 p.

Langage, science, philosophie, au XII*e siecle*, J. Biard (éd.), 1999, 256 p.

Le problème des universaux à la faculté des arts de paris entre 1230 et 1260. Édition critique sélective, traduction, analyses structurelle et formelle et étude historico-philosophique par D. PICHÉ, 2005, 366 p.

MICHON Cyrille: *Nominalisme. La théorie de la Signification de Guillaume d'Occam,* 1994, 528 p.

NICOLAS D'AUTRÉCOURT: *Correspondance, Articles condamnés.* Édité par L. M. de Rijk, introuction, traduction, et notes par Ch. Grellard, 2001, 192 p.

PORPHYRE: *Isagoge.* Texte grec traduit en vis-à-vis, latin à la suite, par A. de Libera et A.-P. Segonds, introduction et notes par A. de Libera, 1998, 268 p.

ROSIER Irène: *La parole comme acte. Sur la grammaire et la sémantique au* XIII*e siècle,* 1994, 368 p.

SIRAT Colette et GEOFFROY Marc: *L'original arabe du* Grand commentaire *d'Averroès au* De anima *d'Aristote. Prémices de l'édition,* 2005, 126 p.

TISSERANT Axel: *Pars theologica. Logique et théologique chez Boèce,* 2008, 448 p.

THOMAS D'AQUIN: *Les créatures spirituelles.* Texte établi, introduit, traduit et annoté par J.-B. Brenet, 2010, 320 p.

VALENTE Luisa: *Logique et théologie. Les écoles parisiennes entre 1150 et 1220,* 2008, 448 p.

Sic et Non

Collection dirigée par Alain DE LIBERA

ABÉLARD

DES INTELLECTIONS

Texte établi, traduit, introduit et commenté
par
Patrick MORIN

LIBRAIRIE PHILOSOPHIQUE J. VRIN
6, Place de la Sorbonne,
PARIS Ve

Imprimé en France
ISSN 1248-7279
ISBN 978-2-7116-1166-9

www.vrin.fr

INTRODUCTION

1. *Vie et principales œuvres d'Abélard*

La vie d'Abélard, pleine de rebondissements, est assez bien connue [1]. De sa naissance au Pallet en 1079 jusqu'à sa mort au prieuré de Saint-Marcel le 21 avril 1142, en passant par ses disputes avec Roscelin et Guillaume de Champeaux ; son charisme et l'engouement qu'il suscitait comme professeur de philosophie ; sa conquête d'Héloïse et son douloureux démêlé avec Fulbert ; la fondation du Paraclet, sa nomination comme abbé de Saint-Gildas ; ses condamnations à Soissons et à Sens, tout cela a été mis en lumière, par lui-même d'abord, dans son *Historia calamitatum*, et ensuite, par ses nombreux biographes [2].

La classification chronologique de ses œuvres présente, en revanche, une difficulté toute différente. Cela est dû au fait qu'Abélard reprenait souvent ses œuvres, les réécrivait jusqu'à trois et même quatre fois, de sorte que les plus grands spécialistes sont souvent en désaccord, soit avec l'ordre qu'il faut donner aux différentes versions d'une même œuvre, soit avec l'ordre de composition des œuvres mêmes.

Pour les besoins de la présente recherche, la rédaction d'un résumé biographique contenant les dates (probables ou possibles)

1. Pour plus de détail, voir Appendice B, p. 129.

2. La plupart des auteurs qui se sont intéressés à Abélard donnent un résumé de sa vie. Valent cependant d'être mentionnés le *Peter Abelard* de D.E. Luscombe (London, 1979), qui projette sur le sujet l'éclairage d'un historien ; le *Pierre Abélard* de Ch. de Rémusat, 2 vol. (Paris, 1845), très intéressant malgré son âge vénérable et son relent de romantisme ; le *Peter Abailard* de J. G. Sikes (New York, 1965), qui demeure un livre de base ; enfin, l'*Héloïse et Abélard* d'É. Gilson (Paris, 1964), œuvre pénétrante et incontournable.

de composition des œuvres d'Abélard s'est avérée utile – si contestable soit-il. Le lecteur intéressé le trouvera à l'annexe B.

2. *L'authenticité du «De intellectibus»*

Quoique la question de l'authenticité du traité déborde le cadre de cet ouvrage et même si elle pourrait avantageusement faire l'objet d'une étude à part, on ne peut ici l'ignorer.

Le point qui semble s'opposer à une plus vaste reconnaissance de l'authenticité de l'opuscule – et qui a laissé les spécialistes d'Abélard dans une durable expectative – nous vient des objections doctrinales formulées par C. von Prantl et reprises par B. Geyer contre la paternité abélardienne du traité.

À notre connaissance, le *Tractatus de intellectibus* n'est conservé que par un seul manuscrit. On le retrouve à la Bibliothèque municipale d'Avranches sous le numéro de catalogue 232, correspondant à l'ancien numéro 2963, auquel renvoie V. Cousin dans son édition de 1859 des *P. Abælardi Opera*. Il va du folio 64^r au folio 68^v. Son titre : « P. ABÆLARDI TRACTATUS DE INTELLECTIBUS » coiffe l'incipit : *De speculationibus itaque, hoc est intellectibus disserturi...*, et la phrase : *Hec de speculationibus, hoc est intellectibus, dicta sufficiant* en constitue l'explicit. Un traité de physique, le *De Generatione Veteris Translationis* le précède (ff. 1^r-63^r) ; il est suivi d'un ajout (de l'explicit au f. 71^v) qui, de toute évidence, n'est d'Abélard ni par le fond, ni par la forme – quoiqu'il se rattache à la controverse sur les universaux. En outre, l'ajout renvoie clairement à Abélard en ces termes : « *...sicut Abælardus et sui qui artem dialecticam non obfuscando sed diligentissime perscrutando dilucidant...* » (f. 69^r, 35-36). Les folios qui nous concernent mesurent 215 x 188 mm., sont écrits pleine page, et contiennent 50 lignes chacun. On ne retrouve aucune annotation dans les marges, sauf au f. 64^r, où une main, vraisemblablement du XIXe siècle [1], a inscrit *Bibliotheca Abrincensis*. Un dessin à l'encre orne la lettre initiale du manuscrit.

1. *Aristoteles Latinus. Codices descripsit Georgius Lacombe in societatem operis adsumptis A. Birkenmajer, M. Dulong, Aet. Franceschini*, pars prior (Corpus Philosophorum Medii Aeui), Roma, La Libreria dello Stato, 1939, p. 438.

G. Lacombe donne la graphie comme étant du XIIe siècle [1], ce que confirme L. Minio-Paluello en ce qui concerne, il est vrai, une autre partie du manuscrit [2]. Le *Tractatus* ne comporte que deux ratures : la première au f. 66r, où on a rayé *cassi intellectus* ; la seconde au f. 67r, où on a rayé le *pro* de *proposito* pour inscrire *com* au-dessus de la rature. Enfin, au f. 65v, le mot *consummet* est souligné. L'écriture est égale et, sauf pour quelques mots, d'une bonne lisibilité. Ce manuscrit provient de la bibliothèque du Mont-Saint-Michel où, dit V. Cousin, les moines l'ont par erreur classé sous « *D'Abélard sur la Physique d'Aristote* [3] ».

Selon L. U. Ulivi, il suffit de se reporter aux *Fragments philosophiques* [4] pour voir avec quelle ferveur V. Cousin défend la paternité d'Abélard : « L'ouvrage est bien divisé ; le style est clair, pas trop diffus, et quelquefois il offre ce caractère de force un peu rude et ce mélange de subtilité et de vigueur qui distingue Abélard. [...] On y retrouve les mêmes idées et presque les mêmes expressions que dans les traités que nous avons publiés et qui appartiennent incontestablement à Abélard. [...] Il comporte plus d'une trace de la manière d'Abélard. » Les nombreux recoupements mis en évidence dans les notes de bas de page de notre édition illustrent de façon éloquente, sur ces points du moins, notre accord avec V. Cousin.

1. *Aristoteles Latinus. Codices*..., p. 437.

2. « ...its writing does not seem to be more recent than the third quarter of the twelfth century and is probably of northern French character. » : L. Minio-Paluello dans *Opuscula. The Latin Aristotle*, Amsterdam, Hakkert, 1972, p. 217, cité par L. U. Ulivi, *La psicologia di Abelardo e il "Tractatus de Intellectibus"*, Roma, Edizione di Storia e Letteratura, 1976, p. 12, note 3. Malheureusement, ce jugement ne porte pas sur les ff. 64r-68v qui contiennent le *Tractatus*, mais sur les ff. 201r-225v qui contiennent une *Metaphysica uetustissima* incomplète.

3. « Ii autem cum rem nimis breuiter inspexissent, falso assuerunt in isto codice contineri "Abaillardi Physicam Aristotelis" » : V. Cousin, *Petri Abælardi Opera*, tome II, Paris, Durand, 1859, p. 733.

4. V. Cousin, *Fragments philosophiques, Philosophie Scholastique, II*, pp. 452 et suivantes. Cité par L. U. Ulivi, *La psicologia*..., pp. 12-14 *passim*. L. U. Ulivi se réfère à une édition parisienne de 1840 des *Fragments*. J'ai, pour ma part, consulté une édition bruxelloise de 1840 des *Fragments*, et des trois tomes, aucun ne fait plus de 350 pages. Je n'y ai pas trouvé les citations dont fait état L. U. Ulivi.

B. Geyer favorise la thèse que le *De intellectibus* soit d'un disciple d'Abélard. Et il semble avoir grandement été influencé dans son opinion par C. von Prantl, qui soutient aussi cette thèse, principalement à partir de l'argument suivant : le *Tractatus* donnerait comme synonymes d'*intellectus* les mots *speculationes* ou *uisus animi.*

> Ferner führt Prantl sprachliche Gründe an : "...nicht bloß ist der Stil überhaupt hier viel härter und eckiger als jener Abälards, sondern der Verfasser gebraucht auch als synonym mit intellectus die Worte *speculationes* oder *uisus animi*, welche man bei Abælard vergeblich sucht [1]." [2]

Or on ne retrouve cette dernière expression nulle part ailleurs chez Abélard. Le fait est que le *De intellectibus* ne contient pas de *uisus animi*, ni de terme s'y apparentant. Bien que le mot *uisus* se retrouve dans les éditions de V. Cousin et de L. U. Ulivi, il ne correspond pas à la véritable leçon du manuscrit. En effet, aux trois endroits où l'expression *nisus animi* apparaît (§90, 13 ; §90, 17 ; §91, 6), le mot *nisus* est écrit au long et très clairement. Il est possible que V. Cousin ait vu *uisus* au lieu de *nisus*, ce qui peut s'expliquer par la ressemblance paléographique du *u* et du *n*. Quant à L. U. Ulivi, de son propre aveu, elle a réédité l'opuscule plus par commodité que par souci de révision critique [3]. Notre devoir consistait évidemment à restituer la leçon authentique du manuscrit, avec comme conséquence que l'argument soulevé par C. von Prantl ne tient plus.

Or cet argument semble pourtant avoir été à la base de l'opinion de B. Geyer. Si C. von Prantl a raison et que l'opuscule n'est pas d'Abélard, et s'il contient autant d'idées et de phrases qui pourraient tout aussi bien être d'Abélard – comme le laissent

1. C. von Prantl, *Geschichte der Logik im Abendlande*, tome II, Leipzig, 1861 (reprint Graz, Akademische Druck-U. Verlagsanstalt, 1955), p. 206, note 416.

2. B. Geyer, *Peter Abælards Philosophische Schriften*, Münster, Aschendorff, 1919, p. 613 (Untersuchungen).

3. « ...si è pensato di accompagnare allo studio una nuova edizione del breve opusculo, non tanto per necessità di revisione critica, visto che l'edizione del Cousin è sostanzialmente fedele... » : L. U. Ulivi, *La Psicologia...*, p. 11.

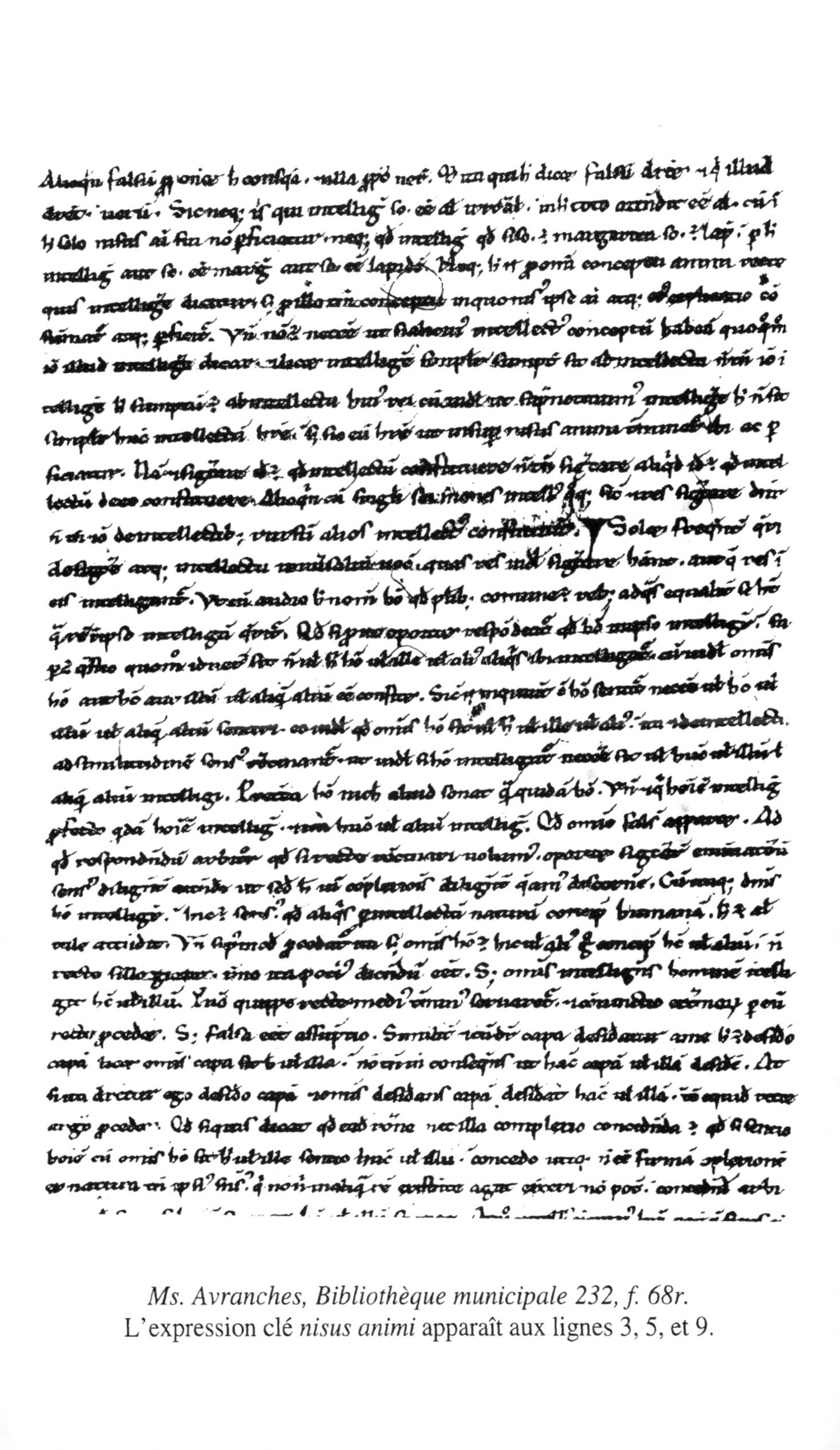

Ms. Avranches, Bibliothèque municipale 232, f. 68r.
L'expression clé *nisus animi* apparaît aux lignes 3, 5, et 9.

penser les nombreuses annotations de l'édition B. Geyer qui renvoient au *De intellectibus* –, il faut donc que ce soit l'œuvre d'un disciple qui ait compilé les vues du Maître sur le sujet [1]. Il est étonnant que la « découverte » de C. von Prantl n'ait pas été plus sérieusement mise en doute, Abélard ayant pourtant employé souvent le verbe *nitor* [2]. À cette opinion, nous juxtaposons celle de J. G. Sikes [3], qui nous dit qu'Abélard avait coutume de se citer lui-même abondamment.

Enfin, ne voyant pas d'argument vraiment sérieux qui pourrait prouver que le *De intellectibus* n'est pas d'Abélard, nous ne lui en dénions pas la paternité. Au contraire.

Rien ne nous permet de soupçonner que le titre donné à l'opuscule dans le manuscrit – *P. ABÆLARDI TRACTATUS DE INTELLECTIBUS* – ait été ajouté après coup. Il semble être de la même écriture et de la même facture que les paragraphes qui suivent. Tout au plus pourrait-on mentionner que la diphtongue du nom *ABÆLARDI* est la seule que l'on retrouve dans le témoin manuscrit du *Tractatus* – conformément à un usage déjà établi.

« Jean de Salisbury, affirme J. Jolivet [4], nous dit que les leçons d'Abélard étaient claires. » Mais, fait plus important encore, l'auteur lui-même nous en fournit la preuve, puisque le *Tractatus* ne se démarque pas des autres œuvres de logique d'Abélard sur ce point. Les affirmations y sont appuyées d'exemples clairs, d'expé-

1. « Es ist Kaum denkbar, dass ein anderer so mit den Gedankengängnis Abælards sich vertraut gemacht hätte, dass er Stellen aus verschiedenen Werken zu einer solchen Einheit hätte zusammenfügen können. Der Verf. ist kein blosser Kompilator, sondern weiss mit seinem Material durchaus selbständig zu verfahren. » : B. Geyer, *Peter Abælards Philosophische Schriften*, p. 614 (Untersuchungen).

2. « Res quædam certificatur et determinatur, per "homo" uero, cuius intelligentia in communi forma omnium **nititur**. » : Abélard, *Glossæ super Porphyrium*, éd. B. Geyer, Münster, Aschendorff, 1919, pp. 21-22 (37-1). « Sensus enim atque imaginatio quædam primæ figuræ sunt, super quas uelut fundamento quodam superueniens intelligentia **nitatur**. » : Abélard, *Glossæ super Peri Ermenias*, éd. B. Geyer, Münster, Aschendorff, 1919, p. 316 (30-32). « ...in qua **nitatur** intellectus. » : Abélard, *Glossæ super Peri Ermenias*, éd. B. Geyer, p. 339 (1).

3. J. G. Sikes, *Peter Abailard*, New-York, Russell & Russell, 1965, p. 259.

4. J. Jolivet, *Abélard ou la philosophie dans le langage*, Paris, Seghers, 1969, p. 34.

riences simples tirées de la vie quotidienne, qui peuvent être facilement reprises et comprises par quiconque. De plus, les termes sont la plupart du temps précisés : l'explication est alors introduite par un *scilicet* souvent placé comme troisième mot(§5, 4 : *cum eque scilicet*; §5, 6 : *uel preteritorum scilicet*), ou bien un *uidelicet* placé comme deuxième mot (§1, 3 : *his uidelicet que*; §1, 7-8 : *sensus uidelicet*), ou encore par *hoc est* ou *id est* (§1, 1 : *De speculationibus itaque, hoc est intellectibus*), ces procédures nous semblant typiques de la facture abélardienne. Si l'on ajoute aux mots mentionnés précédemment l'expression *uerbi gratia*, la consultation de notre Index mettra en évidence le fait que ces mots et expressions qui introduisent une explication totalisent 127 occurrences : c'est beaucoup pour un opuscule.

En outre, on retrouve au § 58, 10 un néologisme qui trahit là encore la manière d'Abélard. Nous n'avons en effet pu retrouver dans aucun dictionnaire latin [1] l'adjectif *rudibilis*. Le manuscrit du *Tractatus* contient pourtant *rudibilem* écrit au long et très clairement. Par contre, on retrouve *homo rudibilis* dans l'édition B. Geyer des *Gloses sur le Peri Ermenias*, p. 330 (3-4) *et passim*. Il semble donc qu'Abélard ait forgé cet adjectif sur le même gabarit que *risibilis*. Ce dernier nous vient de *riseo* et signifie « capable de rire », alors qu'Abélard a vraisemblablement tiré le premier de *rudeo* pour signifier « capable de braire ». On peut, à la lecture du texte, s'imaginer la réaction de l'auditoire lorsque le Maître du Pallet donnait comme exemple d'accident propre que « l'homme est capable de rire, mais incapable de braire. » (§58, 10).

Il est de plus un autre argument qui milite en faveur de la paternité abélardienne du traité, lequel argument a déjà été invoqué par Ch. de Rémusat et par L. U. Ulivi. Il se retrouve dans le texte au § 24, à la dernière phrase, où Abélard affirme que « l'estimative est la même chose que la crédulité ou la foi ». Il faut admettre qu'il pouvait y avoir là de quoi faire sourciller plus d'un clerc, surtout si la phrase était citée hors contexte, comme on ne

1. Nous avons consulté tous les dictionnaires latins de la bibliothèque de l'université Laval, du Gaffiot au « Lexicon Totius Latinitatis » de Forcellini, en passant par le « Grand Dictionnaire… » de Freund & Theil et le « Mediæ Latinitatis Lexicon » de Niermeyer!

manque pas de le faire quand on veut jeter le discrédit ou faire condamner. Écoutons d'abord Ch. de Rémusat [1] :

> Ce passage serait au besoin la preuve que cet ouvrage est d'Abélard. Cette analogie de l'*estimatio* avec la foi qu'il définit l'une par l'autre, est une opinion qu'il avait empruntée au De Anima (III, 3), et que saint Bernard lui a reprochée.

L. U. Ulivi est plus précise et de loin plus intéressante [2] :

> Ed è interessante notare come Guglielmo di S.-Thierry nella sua accusa contro Abelardo dichiari : « Absit enim ut hos fines habeat christiana fides, æstimationes scilicet siue opiniones academicorum », in cui Guglielmo pone come sinonimi *fides*, *æstimatio* e *opinio*.
> Ma non troviamo questa sinonimia in Abelardo, bensì nel *De int.*
> Si deve perciò pensare, o che Guglielmo abbia *motu proprio* al binomio abelardiano *fides-æstimatio* aggiunto l'*opinio*, o che conoscesse il *De int.*, e lo conoscesse come opera di Abelardo.

En fait, les deux se complètent. Nous pouvons lire dans la vie d'Abélard, à l'annexe B, que c'est Guillaume de Saint-Thierry qui a prié à plusieurs reprises saint Bernard d'intervenir contre Abélard, et que cette intervention eut comme aboutissement la condamnation du concile de Sens. Ainsi, le fait qu'un contemporain du Maître du Pallet reproche à ce dernier des idées et des mots qui ne se retrouvent que dans le *Tractatus*, est des plus intéressants.

Enfin, séduit par les arguments de L. U. Ulivi, C. Mews affirme que l'authenticité du *Tractatus* ne fait plus de doute : « ...the authenticity of which is no longer in doubt.[3] »

1. Ch. de Rémusat, *Abélard*, tome I, Paris, Lagrange, 1845 (reprint Frankfürt/Main, Minerva GMBH, 1975), p. 490, note 1.
2. L. U. Ulivi, *La psicologia...*, p. 36.
3. C. Mews, « On dating the works of Peter Abelard » dans *Archives d'histoire doctrinale et littéraire du Moyen Âge* LII (1986), p. 93.

3. *La date de composition.*

Si nous prenons pour acquis que le *De intellectibus* est bien d'Abélard, il reste à le situer dans son œuvre et dans le temps : ce n'est pas chose facile. Mais le traité nous donne des pistes intéressantes, que nous nous contenterons seulement de mettre en évidence. En effet, tel que nous l'avons mentionné, la question aurait avantage à être traitée à part.

Le *Tractatus* est incontestablement une œuvre dialectique, au sens médiéval du terme, c'est-à-dire par laquelle on tente de « discerner le vrai du faux, et donc qui traite des termes, des propositions, des raisonnements [1] ». De plus, à sa lecture même, on se rend compte que ce n'est pas une œuvre de jeunesse : d'une part, la maturité de la pensée abélardienne y transparaît clairement. D'autre part, il met en lumière la maîtrise du professeur chevronné : maîtrise des sources – principalement Aristote et Boèce, comme l'indiquent les nombreuses références à ces auteurs ; maîtrise de sa matière – on s'en rend compte par la cohérence et la cohésion de l'œuvre, telles que mises en évidence par le tableau synoptique de l'annexe A ; enfin, maîtrise dans la communication de sa pensée – par des exemples simples, concrets, abondants et frappants. Ces qualités de l'œuvre nous conduisent à une période de la vie d'Abélard où il faut bien les retrouver toutes en même temps. Ce doit être avant 1140 : d'abord parce qu'on s'est servi de son rapprochement entre *estimatio, credulitas* et *fides* pour l'amener à la condamnation du concile de Sens ; ensuite, parce qu'après 1140, il ne rédigea que la quatrième version de sa *Dialectique*, et son *Dialogue*. Enfin, pour les raisons d'expérience et de maturité dont nous avons parlé précédemment, ce ne peut être avant 1116, époque où il enseignait à Paris.

Mais, quoique le *Tractatus* soit complet en lui-même et nous offre unité et cohérence, deux indices nous obligent à le rattacher à autre chose : soit à une œuvre de plus grande envergure, dont il aurait été une partie, soit à une série de cours.

Le premier indice se retrouve dans l'incipit même : *De speculationibus itaque...* Cet *itaque* indique clairement qu'autre chose a précédé. Le second se retrouve à la fin du § 67 : ... *de quo*

1. J. Jolivet, *Abélard...*, pp. 7-8.

plenius in constructionibus prosequimur. Or il n'y a dans le *Tractatus* aucun développement concernant les constructions syntaxiques qui soit digne de remplir cette promesse. La question se pose donc d'elle-même : qu'est-ce qui peut à la fois obliger à des éclaircissements sur les intellections et servir aux constructions syntaxiques ?

L'opuscule lui-même nous fournit d'importants éléments de réponse, en particulier au § 31 :

> Certes nous appelons simples <certaines> intellections, tout comme <nous appelons> simples certaines actions ou temps des **verbes**... Car <la nature> des **discours** qui provoquent les intellections est comme celle des intellections, de sorte qu'évidemment de même qu'entre les **discours**, les uns sont simples – à savoir les **mots** un à un –, et les autres composés – comme les **phrases**, qui sont nécessairement constituées de mots différents contenant en eux-mêmes une signification propre...

J. Jolivet a été l'un des premiers à souligner la très grande place que prend la Grammaire dans l'œuvre et la pensée d'Abélard. Laissons-lui la parole [1] :

> Certes, un dialecticien ne pouvait se dispenser de faire de la grammaire, puisque au début de l'*Interprétation* d'Aristote on trouve trois chapitres consacrés respectivement au **nom** (chap. 2), au **verbe** (chap. 3), au **discours** (chap. 4). Mais tout est dans la manière, et si l'on compare la *Dialectique* d'Abélard à celle de Garland le Computiste (XIe siècle), on voit tout de suite la différence : non seulement Abélard a une véritable compétence de grammairien, mais il attache une grande importance aux questions grammaticales, c'est-à-dire à la structure même de la langue, considérée selon ses règles particulières, indépendamment, ou presque, de l'usage logique qu'on peut en faire. Ou presque ; car, d'une part, on ne peut abstraire entièrement dans une phrase ce qui concerne la **construction** (couche grammaticale) de ce qui concerne la **signification et l'attribution des prédicats** [...] (couche dialectique). Précisément parce qu'il a

1. J. Jolivet, *Abélard...*, pp. 43-44.

conscience de cette liaison intime, Abélard fait aller de pair, chaque fois que c'est nécessaire, la grammaire et la dialectique.

Ainsi, plusieurs hypothèses se profilent : se pourrait-il que le *Tractatus* fasse partie intégrante de la *Grammaire* que nous croyons perdue ? Aurait-il été composé après la *Grammaire* dans le cadre d'un remaniement ou d'une refonte de l'œuvre, selon la coutume abélardienne ? Ou ne serait-il qu'une partie des notes de cours du Maître du Pallet ? Les questions sont posées.

C. Mews suggère un ordre chronologique qui situe le *Tractatus* entre la *Grammaire* et les *Glossules* (*ms*. de Lunel) [1]. Quant à la date probable de composition, il la situe à l'époque du Paraclet (1122-1126), plus précisément vers 1124 [2]. Les qualités de l'œuvre, exposées précédemment, nous incitent à lui donner raison.

Enfin, un détail laisse perplexe. Il s'agit de l'inversion pure et simple du *ille* et du *hic* que l'on retrouve au § 41, 2. Si nous les avions laissés inversés – tels qu'ils le sont dans le manuscrit et dans les éditions de V. Cousin et L. U. Ulivi –, ces deux premières lignes du § 41 auraient été en complète contradiction avec les descriptions de l'« intellection des choses rassemblées » et l'« intellection qui rassemble » que l'auteur nous a fournies aux §§ 39 et 40 respectivement.

Or, nous ne pouvons nous résoudre à imputer cette inversion malheureuse au scribe ou au copiste. C'est notre conviction profonde que cette inversion se trouvait déjà dans l'ancêtre (ou l'archétype). Elle ouvre cependant la porte à une autre série de questions. S'agirait-il d'un premier jet ? Aurait-il été écrit à la hâte ? Est-ce une simple distraction ? On pourrait encore tenter d'expliquer cette inversion en disant que le *hic* renvoie au *hic intellectus* du § 39, 3 et le *ille* au § 40, 1. Mais cette explication résisterait difficilement à une investigation plus poussée du texte, puisque Abélard a l'habitude de suivre – dans l'emploi du pronom démonstratif – la tradition latine, qui veut que le *hic* remplace le nom qui lui est le plus rapproché dans la phrase, et le *ille*, le plus

1. C. Mews, « On dating the works of Peter Abelard », p. 94.
2. C. Mews, « On dating the works of Peter Abelard », pp. 111 et 123.

éloigné ; c'est d'ailleurs ce qu'il a fait au § 8, 1-3 et au § 14, 3-4, pour ne citer que ces deux occurrences.

4. *Les éditions antérieures*

Deux auteurs seulement ont édité le *Tractatus* : V. Cousin et L. U. Ulivi. V. Cousin l'a d'abord fait connaître dans ses *Œuvres inédites d'Abélard* en 1836, puis l'a réédité en 1859 dans ses *Petri Abælardi Opera*. C'est cette édition que nous avions sous les yeux. Quant à l'édition de L. U. Ulivi, elle date de 1976.

L'examen comparatif a révélé de nombreuses différences entre les deux éditions. Si les unes pouvaient être considérées comme mineures et être attribuées à des fautes de frappe – par exemple : *meditatione* chez V. Cousin qui devenait *mediatione* chez L. U. Ulivi (§13, 7), ou encore *fecerant* chez V. Cousin qui devenait *facerant* chez L. U. Ulivi (§16, 8) –, et si on pouvait s'en sortir assez facilement par le contexte dans le premier cas, ou en réalisant rapidement l'impossibilité morphologique de *facerant* dans le deuxième, il n'en allait pas toujours ainsi. Dans d'autres cas, en effet, les différences étaient majeures parce qu'elles menaçaient l'interprétation du sens de la phrase et portaient une atteinte directe à la qualité de la traduction. Par exemple, *prohibet* chez V. Cousin devenait *perhibet* chez L. U. Ulivi (§16, 15) ; *hec* devenait *et* chez L. U. Ulivi (§95, 5) ; ou encore *quod* devenait *quo* chez L. U. Ulivi (§81, 17).

Après avoir répertorié pas moins de 125 erreurs ou omissions de l'une ou de l'autre édition, ou des deux à la fois, la nécessité d'une édition critique s'imposa comme une évidence.

5. *Les normes de l'édition*

5.1. L'apparat des variantes

Les apparats des variantes font état des différences entre le manuscrit d'Avranches – que nous avons identifié par *A* – et les éditions antérieures, que nous avons identifiées par *C* et *U* pour V. Cousin et L. U. Ulivi respectivement. En ce qui concerne cette section, nous sommes en grande partie redevable aux *Quatre introductions à la philosophie au XIIIe siècle*[1]. Pour séparer les

1. Cl. Lafleur, *Quatre introductions à la Philosophie au XIIIe siècle. Textes critiques et étude historique* (Publications de l'Institut d'études

variantes, nous avons utilisé le maintenant classique crochet droit –] –, de sorte que *eam*] *ea CU* se lit : *eam* devient *ea* chez V. Cousin et L. U. Ulivi. Les interventions pour corriger le manuscrit sont annoncées par un *scr.* (scripsi). Les omissions des éditions antérieures sont indiquées par *om.* et les ajouts par *suppl.* ; *hom. om.* indique un cas d'omission conditionnée par le contexte, que l'on appelle omission par homéotéleute ou saut du même au même, le « bourdon » des typographes modernes [1].

> Les omissions conditionnées se produisent lorsque le copiste saute d'un passage à un autre parce que le ou les mêmes mots – ou un ou des mots semblables –, s'y retrouvent. Cela se produit surtout lorsque le scribe ramène les yeux vers son modèle et qu'il croit, à cause de la ressemblance mentionnée, être revenu là où il était rendu, alors qu'en fait ses yeux se sont fixés plus bas sur la colonne ou la page.

Un seul cas a été répertorié : c'est au § 98, où l'édition de V. Cousin est fautive.

Au § 56, 3, le scribe s'est rendu compte qu'il avait ajouté *cassi intellectus* par homéotéleute : il a donc raturé les deux mots, ce qui est annoté par la mention *cancell. A.*

Au § 71, 4, le copiste avait d'abord écrit *proposito*, que l'on retrouve chez V. Cousin et L. U. Ulivi, ce dont nous rendons compte par *pA*, signifiant *première main d'Avranches.* Il a cependant raturé le *pro* pour inscrire au-dessus de la rature *com.* Notre édition a donc respecté sa deuxième main.

5.2. L'habillage du texte

En ce qui concerne l'habillage du texte, il se résume à quatre principaux points : la ponctuation, les majuscules, l'emploi de l'italique et la division en paragraphes.

médiévales, XXIII), Montréal, Institut d'Études Médiévales - Paris, Vrin, 1988, pp. 173 et suivantes.

1. Cl. Lafleur, *Quatre introductions...*, p. 78.

5.2.1. La ponctuation

Notre édition, dans toute la mesure du possible, respecte la ponctuation du manuscrit, principalement les ponctuations fortes : le point, le point-virgule, le point d'interrogation (qui se présente comme un point-virgule inversé!), les deux-points et le point de suspension, dont l'auteur se sert pour abréger les citations. Quoique l'usage de la virgule diffère de l'usage actuel, nous avons respecté le manuscrit dans la plupart des cas, harmonisant cependant l'usage du temps à notre usage. Il suffisait souvent, pour ce faire, d'en ajouter pour davantage mettre en évidence les propositions, les appositions ou les explications ; en d'autres termes, d'aérer le texte pour en faire mieux ressortir la structure et en dégager les idées exprimées.

5.2.2. Les majuscules

Le manuscrit utilise presque systématiquement la majuscule après le point, au début d'une nouvelle phrase. Nous en avons cependant ajouté aux noms propres, au nom *Dieu* et au pronom qui le remplace, et finalement au début des citations.

5.2.3. L'emploi de l'italique

Par souci de clarté, l'italique a largement été utilisé pour mettre en lumière les exemples employés par l'auteur ; les mots ou les phrases qui font l'objet de discussion ; les mots suivis de leur définition ou de leur signification ; enfin, pour désigner les titres des ouvrages auxquels l'auteur nous renvoie.

5.2.4. La division en paragraphes

Toujours pour aérer le texte et l'alléger, nous avons ajouté des paragraphes partout où il nous semblait convenable de le faire, en les numérotant pour faciliter la référence. Cette action a eu comme effet important de faire ressortir clairement les séries d'objections, et les réponses du maître. On éloigne ainsi le danger, toujours présent, de prendre les objections pour la doctrine et de trahir ainsi la pensée de l'auteur.

5.3. L'orthographe

Quant à l'orthographe, nous avons respecté le texte du manuscrit, même si l'on peut apparenter certaines graphies à des fautes de frappe, alors qu'elles ne manifestent que les usages du temps. Par exemple, le scribe emploie régulièrement *disiugere* pour *disiungere*. On retrouve *abstrao* pour *abstraho* et *deffinitio* pour *definitio*. Enfin, la préposition *in* est souvent accolée au mot qui suit : ce qui accroît la difficulté de la tâche de l'éditeur, puisque parfois, il faut l'en détacher et parfois non. En outre, le copiste emploie indifféremment le *n* ou le *m* devant un *p* ou un *b*, ce qui constitue quelquefois un piège de taille, auquel V. Cousin et L. U. Ulivi n'ont pas échappé. En effet, au § 55, 2, ils ont écrit *in presentiarum*, alors que la préposition *in* suivie du génitif seul est une impossibilité grammaticale en latin. Le copiste avait bien écrit *inpresentiarum*, mais pour *impresentiarum*, qui est un adverbe. Ce ne sont là que quelques-unes des innombrables difficultés liées au travail d'édition critique ; mais, disait Corneille, « à vaincre sans péril... ».

6. *À propos de la traduction*

L'idée directrice sous-tendant notre traduction est la suivante : serrer au plus près le texte latin tout en le rendant en un français convenable.

De façon à trahir le moins possible l'auteur, trois termes ont été empruntés à J. Jolivet. Le premier, « intellection », pour traduire *intellectus*. Le second, « viser », pour traduire *attendere*. Enfin, « intelliger », pour traduire *intelligere*. J. Jolivet emploie ces termes dans sa traduction de « La Connaissance », partie des *Gloses sur l'Interprétation* [1].

Les verbes *cogitare* et *excogitare* ont fait l'objet d'une attention spéciale. Le préfixe *ex* peut signifier le passage vers l'extérieur, ou le passage d'une situation à une autre. Or les deux verbes se traduisent par le même verbe français *réfléchir*. Cependant, la nuance apportée par le *ex* latin a suivi la forme transitive du verbe français. Par conséquent, nous avons traduit *excogitare* par *réfléchir*, mais avec un complément direct, comme le permet l'usage dans *réfléchir la lumière*. Ainsi, la « cogitation » demeure une pensée intérieure ; l'« excogitation », une pensée exprimée ou de quelque façon extériorisée, de sorte que la nuance latine est respectée.

1. J. Jolivet, *Abélard...*, pp. 126 et suivantes.

Nous connaissons la règle qui veut que le traducteur donne constamment le même équivalent français à un même mot latin. Mais comme tous ceux qui se sont frottés à Abélard, nous avons vite compris qu'avec lui ce n'était pas toujours possible. Par conséquent, lorsque la conformité à la règle aurait exigé la trahison de la pensée de l'auteur, nous avons préféré sans hésiter l'auteur à la règle. Ainsi, *uis* se traduit généralement par « force, vigueur ». Il peut en être ainsi chez Abélard mais, la plupart du temps, les mots qui l'entourent vont en déterminer la teneur, de sorte qu'il faut traduire *uis animi* (§7, 3) par « l'effort de l'esprit », et *uis nominis* (§79, 10) par « le sens, la valeur du mot ». Il en va de même pour *res*, qui peut signifier « la chose, l'objet <physique>, la réalité <chose réelle> », et même, dans l'expression *res speciei*, « l'individu de l'espèce ».

Dans la version française, nous avons souvent utilisé les tirets. Dans la plupart des cas, c'est pour isoler les relatives explicatives. Ces dernières sont en effet généralement responsables de la longueur des phrases, les rendent difficiles à lire et risquent d'embrouiller inutilement les esprits modernes, habitués à plus de concision et de clarté.

Enfin, lorsque, dans les notes de bas de page qui renvoient aux sources utilisées par l'auteur, il n'est pas fait mention du traducteur, c'est que la traduction est notre fait.

P. ABAELARDI TRACTATUS DE INTELLECTIBUS.

Ms. Avranches, Bibliothèque municipale 232, f. 64r.
Le titre impute la paternité de l'opuscule à Pierre Abélard.

TEXTE ET TRADUCTION

P. ABAELARDI

TRACTATVS DE INTELLECTIBVS *

[§1] (f. 64r) De speculationibus itaque, hoc est intellectibus, disserturi, statuimus, ad diligentius eorum documentum, ipsos primum a ceteris anime passionibus siue affectionibus disiugere, his uidelicet que ad eorum naturam maxime uidentur accedere ; deinde ipsos quoque ab inuicem propriis separare differentiis, prout necessarium doctrine sermonum existimamus esse. Sunt autem quinque a quibus diligenter eos disiungi conuenit : sensus uidelicet, imaginatio, existimatio, scientia, ratio.

[§2] Cum sensu autem intellectus tum origine tum etiam nomine coniunctus est. Origine quidem, quod quislibet quinque

* Nous reproduisons ici le plus fidèlement possible et dans sa graphie originale la leçon du manuscrit Bibliothèque municipale d'Avranches 232 (ff. 64r-68v), provenant de la bibliothèque du Mont Saint-Michel où les moines, nous dit V. Cousin, l'ont classé par erreur sous « *D'Abélard sur la Physique d'Aristote* » (cf. Préface à l'édition, 2). Nous nous y référons par la lettre *A*.

La lettre *C* renvoie à l'édition que nous a offerte V. Cousin dans ses *Petri Abælardi Opera*, tome II, Paris, Durand, 1859.

La lettre *U* identifie l'édition de L. U. Ulivi dans *La psichologia di Abelardo e il « Tractatus de intellectibus »*, Roma, Edizione di Storia e Letteratura, 1976.

DE PIERRE ABÉLARD

LE TRAITÉ DES INTELLECTIONS[1]

[§1] Ainsi donc, prêt à traiter des représentations mentales[2], c'est-à-dire des intellections, nous avons décidé – pour un enseignement plus consciencieux de ces dernières –, d'abord de les séparer des autres passions ou affections de l'âme, de celles évidemment qui paraissent s'approcher le plus de leur nature[3] ; ensuite, de les distinguer les unes des autres par leurs différences propres, dans la mesure où nous estimons que cela est nécessaire à la théorie du langage. En effet, il y a cinq <affections de l'âme> dont il convient de les séparer consciencieusement : la sensation évidemment, l'imagination, l'estimative, la science, la raison.

[§2] En effet, l'intellection est liée à la sensation tantôt par l'origine, tantôt encore par le nom. Par l'origine certes, parce que

1. « *Intellectus* se traduit par *intellection* : comme c'est le mot français qui rend le mieux le sens qu'a le terme latin chez Abélard, on l'utilise toujours, malgré sa lourdeur ; selon le *Tractatus de intellectibus*, *intellectus* a pour synonyme *speculatio.* » : J. Jolivet, *Arts du langage et théologie chez Abélard*, Paris, Vrin, 1969, p. 365, note 2.

2. *Speculationibus* : le terme français *spéculation*, qui, en philosophie, désigne une recherche abstraite ou une théorie – par opposition à pratique – (Larousse), ne conviendrait ici que très imparfaitement, sinon pas du tout. Cependant, dans sa *Consolation de la philosophie* IV, prose 1 et V, prose 2, Boèce emploie ce terme au sens de contemplation. Écarté parce qu'à connotation trop mystique, ce terme se rapproche toutefois beaucoup de la pensée d'Abélard puisque, dans la contemplation, c'est bien de représentation mentale qu'il s'agit.

3. De la nature des intellections. En effet, la colère, la magnanimité, etc… sont aussi des affections de l'âme, mais de nature autre que celle des intellections.

sensuum rem quamlibet attractando, ipsius nobis intelligentiam mox ingerit. Videndo quippe aliquid, uel audiendo, siue odorando, aut gustando, seu tangendo, ipsum quod sentimus mox intelligimus. Adeoque a sensibus ad intellectus surgere humana imbecillitas compellitur, ut uix aliquid intellectu formare possimus, non [1] ad corporalium similitudinem rerum quas sensuum experimentis didicimus.

[§3] Vocabulo etiam nonnumquam sensus pro intellectu abutimur, cum uidelicet sensum uerborum dicimus pro intellectu ipsorum. Visum quoque pro intellectu [2], tam Aristotiles quam plerique alii frequenter ponunt, eo fortassis quod huiusmodi sensus similior intellectui uideatur quam ceteri. Eam quippe rem quam intelligimus sic animus ante se collocat, quomodo rem nobis antepositam aut proximam aut longinquam cernere consueuimus. Cum itaque tam origine quam nomine sensus et intellectus coniuncti sint, necessarium duxi eorum differentiam assignare, tunc etiam cum simul in anima fiunt.

DIFFERENTIA SENSVS AD INTELLECTVM

[§4] Differunt autem quod sensus perceptio rei corporalis est corporeo indigens instrumento, hoc est talis anime applicatio, quam in rem corporalem dirigi atque agere necesse sit [3] et per corporeum aliquod exerceri instrumentum, ut pote per oculos, uel per aures, uel quamcumque aliam corporis animati portionem sine qua nullatenus haberi ipse possit [4].

1. non] nisi *CU*.
2. « ...uidemus enim esse principium futurorum... » : Aristote, *Periermenias*, 9 (19a7), translatio Boethii, éd. L. Minio-Paluello, *Aristoteles Latinus*, tome II, fascicules 1-2, Bruges-Paris, Desclée de Brouwer, 1965, p. 16 (10-11).
3. sit] fit *CU*.
4. « Sensus uis quædam animæ est, quæ nunquam in exercitium ducitur nisi per instrumenta corporea... » : P. Abælardi *Glossæ super Peri Ermenias*, éd. B. Geyer, Münster, Aschendorff, 1919, p. 313 (4-5).

n'importe lequel des cinq sens, en captant une réalité quelconque, nous impose aussitôt une notion de cette réalité. De fait en voyant, en entendant, en sentant, en goûtant ou en touchant quelque chose, cela même que nous percevons par les sens, aussitôt nous l'intelligeons [4]. Et la faiblesse humaine <en> est réduite à s'élever depuis les sensations jusqu'aux intellections, à tel point que nous pouvons difficilement créer quelque chose au moyen d'une intellection, qui ne soit pas à la ressemblance des réalités corporelles que nous avons connues par les expériences des sens.

[§3] Par le mot aussi : nous faisons un emploi abusif du terme *sens* pour *intellection*, quand nous disons le *sens* des mots au lieu de l'*intellection* des mots. Tant Aristote que la plupart des autres <auteurs> emploient fréquemment aussi le terme *vue* pour *intellection* [5], peut-être parce qu'un tel sens paraît plus semblable à l'intellection que les autres. De fait, cette chose que nous intelligeons, l'esprit <la> place ainsi devant lui, à la façon dont nous sommes habitués de distinguer une chose posée devant nous : ou très proche, ou lointaine. Donc, puisque la sensation et l'intellection sont liées tant par l'origine que par le nom, j'ai jugé nécessaire de souligner leurs différences au moment même où elles se produisent en même temps dans l'âme.

DIFFÉRENCE DE LA SENSATION PAR RAPPORT À L'INTELLECTION

[§4] Elles diffèrent en effet parce que la perception sensorielle d'une réalité corporelle a besoin d'un instrument corporel, c'est-à-dire <qu'elle est> un enchaînement de l'âme d'une nature telle qu'il est nécessaire qu'elle soit dirigée et même qu'elle agisse sur une réalité corporelle, et qu'elle s'exerce par un quelconque instrument corporel [6], soit par les yeux, ou par les oreilles, ou quelque autre partie que ce soit du corps animé, sans quoi <la perception> même ne pourrait nullement s'obtenir.

4. Nous traduisons *intelligere* par *intelliger*, faire acte d'intellection.

5. « Il faut voir maintenant comment se comporte le mode du nécessaire » : Aristote, *Organon* (De l'interprétation), 13 (22a37), traduction J. Tricot, Paris, Vrin, 1984, p. 129.

6. On retrouve la même idée dans les gloses sur le traité *De l'interprétation* (P. Abælardi *Glossæ super Peri Ermenias*, éd. B. Geyer), p. 313 (10-11).

[§5] Intellectus uero, hoc est ipsa animi excogitatio, nec corporei exercitio indiget instrumenti quo uidelicet ad excogitandum utatur, nec etiam uirtute rei existentis quam [1] excogitetur, cum eque scilicet et existentem et non existentem rem, siue corporalem siue incorporalem, animus sibi per intellectum conficiat, uel preteritorum scilicet reminiscendo uel futura [2] prouidendo [3], uel ea etiam nonnumquam confingendo que numquam esse contingit, utpote centaurum, chimeram, hircoceruum, sirenes, et alia multa. Et hec quidem clara est sensus et intellectus differentia [4].

[§6] Preterea sensus nullam uim deliberandi aliquid habet, hoc est attendendi aliquid secundum aliquam naturam aut proprietatem ipsius. Vnde eque tam irrationalibus quam rationalibus [5] communis est animalibus. At uero intellectus esse non potest, nisi ex ratione aliquid iuxta aliquam naturam aut proprietatem attendatur, etiam si sit intelligentia cassa. Quippe cum centaurum sibi animus confingit [6] tamquam animal partim ex homine partim ex equo compositum ; itaque animalis naturam, ac per hoc corporis siue substantie, attendere eum necesse est. Et cum hominis et equi quasi partes quasdam sibi iunctas consideret, et humani quoque et equini corporis non pretermittit proprietatem.

[§7] Vnde intellectus minime esse potest, ubicumque ratio non subest ex qua deliberetur aliquid, hoc est attendatur iuxta naturam aut proprietatem aliquam [7]. Rationem autem dicimus uim ipsam seu facilitatem discreti animi, qua rerum naturas perspicere ac diiudicare ueraciter sufficit.

1. quam] que *CU*.
2. futura] futurum *CU*.
3. prouidendo] preuidendo *CU*.
4. « ...quod sensus per corporea tantum instrumenta exercentur atque corpora tantum uel quæ in eis sunt, percipiunt... Intellectus autem sicut nec corporeo indigens instrumento est, [...], sed rei similitudine contentus est, quam sibi ipse animus conficit... » : P. Abælardi *Glossæ super Porphyrium*, éd. B. Geyer, Münster, Aschendorff, 1919, p. 20 (21-26).
5. rrationalibus quam rationalibus] irrationabilibus quam rationabilibus *CU*.
6. confingit] fingit *CU*.
7. « Est autem ratio potentia discernendi, id est attendendi et deliberandi, apud se aliquid quasi in aliqua natura uel proprietate consistens... » : P. Abælardi *Glossæ super Peri Ermenias*, éd. B. Geyer, p. 313 (10-11).

[§5] Mais l'intellection, c'est-à-dire la réflexion même de l'esprit, n'a besoin ni de l'exercice d'un instrument corporel – dont elle se servirait évidemment pour réfléchir –, ni même des qualités distinctives d'une chose existante sur laquelle elle pourrait réfléchir, puisque l'esprit se façonne aussi bien, par une intellection, une chose tant existante qu'inexistante, soit corporelle, soit incorporelle ; ou bien un souvenir du passé, ou une prévision pour l'avenir, ou encore se fabrique quelquefois des êtres fantastiques [7], comme un centaure, une chimère, un bouc-cerf, des sirènes, et de nombreux autres. Et voilà certes une différence claire entre la sensation et l'intellection.

[§6] En outre, la sensation n'a pas le pouvoir de délibération, c'est-à-dire de viser quelque chose selon une certaine nature ou une certaine propriété de cette chose même. Par suite, elle est également commune aux animaux, tant non raisonnables que raisonnables. Mais, à la vérité, il ne peut y avoir intellection à moins que, depuis la raison, on <ne> vise quelque chose conformément à une nature ou à quelque propriété, même si la notion est chimérique. De fait, quand l'esprit se façonne un centaure comme un animal composé en partie d'un homme, en partie d'un cheval, il lui est nécessaire, par conséquent, de viser la nature d'un animal, et par là <celle> d'un corps ou d'une substance. Et puisqu'il considère certaines parties de l'homme et du cheval comme liées pour lui, il ne néglige pas, d'une part, la caractéristique d'un corps chevalin, d'autre part non plus <celle> d'un corps humain.

[§7] Par suite, il ne peut absolument pas y avoir intellection là où la raison n'est pas la base à partir de quoi on peut délibérer de quelque chose, c'est-à-dire viser quelque chose selon telle nature ou telle propriété. Or nous affirmons que la raison est l'effort [8] même ou la facilité de l'esprit distinct, par laquelle il suffit à

7. *ea (...) que numquam esse*, littéralement : *ces choses qui n'existent jamais.*

8. *Vis (...) animi* que je traduis par *l'effort de l'esprit.* Nous retrouverons ce thème important du *Tractatus de intellectibus* sous la forme synonymique du *nisus animi*, que les éditions de V. Cousin et L. U. Ulivi donnent pour *uisus animi.* Nous retrouverons aussi, dans le même sens, l'expression *intentio mentis.*

RATIONIS AD RATIONALITATEM

[§8] Non idem uero est rationalitas quod ratio : illa quippe omnibus angelicis et humanis spiritibus inest, ex qua rationales dicti sunt ; hec uero quibusdam tantum solis scilicet, ut diximus, discretis. Tantum itaque inter rationalitatem et rationem differre arbitror, quantum inter potentiam currendi et potentiam facile currendi, ex qua cursores Aristotiles appellat secundum membrorum flexibilium aptitudinem [1].

[§9] Quicumque igitur spiritus ex natura propria discernere potest, rationalitatem habet. Rationem uero ille solus qui hoc facile exercere ualet, nulla etatis imbecillitate remoratus aut inconcinnitate complexionis sui corporis ex qua perturbationem aliquam trahat, ut insanus aut stultus fiat.

QVOD IDEM SIT ANIMVS QVOD [2] RATIO.

[§10] Idem autem ratio quod animus nobis uidetur esse. Patet itaque, ex suprapositis, intellectum tam a sensu quam a ratione diuersum esse, et eum necessario ex ratione descendere tamquam propositum [3] rationis effectum.

[§11] Vnde ubicumque ratio non inest, inde intellectum abesse necesse est [4] qui semper, ut diximus, ex ratione aliquam [5] aut naturam, utpote hominis uel equi, aut proprietatem deliberat, utpote colorem aliquem uel formam subiecti, uel eas scilicet in se ipsis speculando uel coniungendo ad inuicem, siue disiungendo [6] ab inuicem.

1. « ...ut pugillatores uel cursores dicuntur non quod sint affecti, sed quod habeant potentiam hoc facile faciendi... » : Aristote, *Categoriæ*, 8 (9a19-21), translatio Boethii, éd. L. Minio-Paluello, *Aristoteles Latinus*, tome I, fascicules 1-5, Bruges-Paris, Desclée de Brouwer, 1961, p. 25 (1-3).

2. QVOD] QVAM *CU*.

3. propositum] perpetuum *CU*.

4. « Ubi uero sensus est et nondum sit ratio, potest imaginatio esse, non intellectus. » : P. Abælardi *Glossæ super Peri Ermenias*, éd. B. Geyer, p. 313 (8-9).

5. aliquam] aliqua *CU*.

6. disiungendo] distinguendo *CU*.

reconnaître clairement et discerner avec véracité la nature des choses.

DE LA RAISON PAR RAPPORT À LA RATIONALITÉ

[§8] Certes, la rationalité n'est pas la même chose que la raison : de fait la rationalité appartient à tous les esprits angéliques et humains, d'où on les a dits rationnels ; mais la raison <n'appartient qu'>à quelques-uns seulement, comme nous l'avons dit, à savoir aux esprits seuls <qui sont> distincts. C'est pourquoi je pense qu'il y a autant de différence entre la rationalité et la raison, qu'entre la puissance de courir et la puissance de courir facilement, d'après laquelle Aristote appelle *coureurs* <ceux qui possèdent> l'aisance des membres flexibles [9].

[§9] Donc, quel que soit l'esprit qui peut discerner à partir d'une nature propre, il possède la rationalité. Mais <possède> la raison celui-là seul qui est en état d'exercer cela facilement, empêché par aucune faiblesse de son âge ou par aucun handicap corporel, d'où il contracterait quelque perturbation qui le rendrait fou ou stupide.

DE CE QUE L'ESPRIT EST LA MÊME CHOSE QUE LA RAISON

[§10] La raison nous paraît être la même chose que l'esprit. Il est donc évident – d'après ce qui précède –, que l'intellection diverge autant de la sensation que de la raison, et qu'elle provient nécessairement de la raison, en tant qu'effet permanent de la raison.

[§11] Par suite, partout où la raison ne réside pas, il faut nécessairement que de là soit absente l'intellection qui toujours, comme nous <l'>avons dit, délibère à partir de la raison ou bien d'une quelconque nature – soit <celle> de l'homme ou du cheval –, ou bien d'une quelconque propriété – soit de la couleur

9. « Par exemple, on est dit lutteur ou coureur-né non en raison de quelque disposition, mais en vertu de la possession d'une puissance naturelle à faire quelque chose facilement… » : Aristote, *Catégories*, 8 (9a19-21), *Les Attributions (Catégories). Le texte aristotélicien et les prolégomènes d'Ammonios d'Hermeias* (Collection « Noésis »), traduction Y. Pelletier, Montréal, Bellarmin - Paris, Les Belles Lettres, 1983, p. 44.

DIFFERENTIA IMAGINATIONIS AD INTELLECTVM

[§12] Ab imaginatione quoque clarum est intellectum disiungi, cum imaginatio quoque sicut et sensus nichil (f. 64v) ex ratione deliberet, sed in his rebus quas sensimus, nichil aliud imaginatio sit quam quedam sensus recordatio, cum uidelicet, re quam sentiebamus absente, eo adhuc modo sese animus per quamdam quodammodo recordationem sensus affectum retinet, quomodo ante erat cum sentiret, nichil nunc quoque per imaginationem ex ratione deliberans [1], sicut nec antea per sensum faciebat. Ideo autem *per imaginationem* adiunxi quia, quando simul imaginatio et intellectus eidem insunt anime sicut frequenter sensus et intellectus, non possumus negare quin deliberatio quedam insit, sed per intellectum non per imaginationem.

[§13] Est itaque imaginatio confusa anime perceptio sine sensu eius scilicet rei quam imaginamur [2] ; confusam dicimus, cum nichil ipsa ex ratione deliberet sicut nec sensus. Sepe quippe sentimus ea que nequaquam intelligentes attendimus, et cum ad exteriora que occurrunt circumferatur sensus, animus tamen per intellectum ad alia dirigitur. Verbi gratia, cum alicuius rei studio uel meditatione [3] occupati tenemur [4], ad eam intelligentie nostre nisus [5] dirigitur, non ad eas res quas presentes uel uidemus uel aliquo modo sentimus. Alioquin uix unquam terram [6] uel celum, que assidue uidemus, intelligere cessaremus [7].

1. deliberans *AC*] deliberat *U*.
2. imaginamur] imaginariam *CU*.
3. meditatione *AC*] mediatione *U*.
4. tenemur *AC*] teneamur *U*.
5. nisus] uisus *CU*.
6. terram *AU*] terra *C*.
7. « Sæpe enim contingit animam aliud cernere atque aliud intelligere... » : P. Abælardi *Glossæ super Porphyrium*, éd. B. Geyer, p. 21 (23-24).

ou de la forme d'un sujet –, ou bien se représente mentalement ces dernières pour elles-mêmes, en soi évidemment, ou bien <les> joint l'une à l'autre, ou encore <les> sépare l'une de l'autre.

DIFFÉRENCE DE L'IMAGINATION PAR RAPPORT À L'INTELLECTION

[§12] Il est clair encore que l'intellection se différencie de l'imagination, puisque l'imagination aussi, comme la sensation, ne délibère de rien à partir de la raison ; mais en ces choses que nous avons perçues par les sens, l'imagination n'est rien d'autre qu'un certain souvenir de la sensation, quand par exemple, en l'absence de la chose que nous percevions, l'esprit de cette manière encore retient pour lui-même – au moyen en quelque sorte d'un quelconque souvenir –, l'état de la sensation comme elle était auparavant quand il <la> percevait, maintenant aussi ne délibérant de rien au moyen de l'imagination à partir de la raison, pas plus qu'il ne <le> faisait avant au moyen de la sensation. Or j'ai ajouté *au moyen de l'imagination* pour cette raison que, quand l'imagination et l'intellection habitent en même temps la même âme – comme <le font> fréquemment la sensation et l'intellection –, nous ne pouvons pas nier qu'il s'<y> établit une certaine délibération, mais <elle se fait> au moyen de l'intellection, non de l'imagination.

[§13] C'est pourquoi l'imagination est une perception confuse de l'âme, à savoir : <une perception> dépourvue de la sensation de cette chose que nous nous imaginons ; nous <la> disons confuse, puisqu'elle ne délibère de rien à partir de la raison, non plus que la sensation. Souvent en effet, nous percevons par les sens ce que nous ne visons nullement par l'acte d'intellection, et bien que la sensation soit orientée vers les choses qui se produisent plus à l'extérieur, l'esprit toutefois, par l'intellection, se dirige vers d'autres. Par exemple, quand l'étude ou la méditation de quelque sujet nous tiennent occupés, l'effort de notre intelligence se dirige vers ce sujet, non pas vers ce que nous voyons ou percevons de quelque manière comme présent. Autrement, nous ne cesserions presque jamais d'intelliger la terre ou le ciel, que nous voyons continuellement.

[§14] Sed et cum de eadem re sensus et intellectus simul habentur, diuersa agunt in ipsa cum longe, ut ex suprapositas liquet, actio sentiendi et intelligendi sint [1] diuerse, cum hec uidelicet in deliberatione sit, illa minime. Sed et diuersi sensus cum in eadem re simul agunt, uel ita [2] si simul tangam lignum et uideam [3], a proprietatibus suis non excidunt, diuersis eamdem rem percipientes modis. Vnde et uterque sine altero plene retinetur. Sic etiam intellectus, sine sensu qui cum eo erat, omnino integer permanebit in eadem scilicet rei deliberatione que antea erat.

[§15] Quod uero, cum imaginationem describemus, supposuimus [4] sine sensu ; ad hoc spectat quod, cum sensus quoque confusa sit anime perceptio nichil uidelicet ex ratione diiudicans, necesse erat ad exclusionem sensus illud supponi. Vbi enim sensus agit, imaginatio simul in ipsum agere non potest ; scilicet [5] abscedente sensu, locum eius supplet non quidem sentiendo, sed rem absentem, absque ulla discernens diiudicatione sicut et sensus facit, percipiendo, ut iam satis supermeminimus.

[§16] Est itaque imaginatio de re absente tantum, cuius uidelicet presentia sensui non occurrit, sensus uero de presente tantum. Intellectus uero eque et de absente et de presente surgit ; et notandum quod ubicumque sensus esse potest, et imaginatio. Nam et bruta animalia, rebus quas senserant abscedentibus, imaginationem earum, teste Boetio, retinent ipsis adhuc rebus quas senserant per quamdam recordationem adherentia ex imaginatione, sicut antea fecerant [6] ex sensu ; et prout ualent,

1. sint *AC*] sunt *U*.
2. uel ita] ueluti *CU*.
3. tangam lignum et uideam] tangat lignum et uideat *CU*.
4. supposuimus] suppositum *CU*.
5. scilicet] sed *CU*.
6. fecerant *AC*] facerant *U*.

[§14] Mais aussi, quand le même objet <nous> donne en même temps une sensation et une intellection, les opposés opèrent sur cet objet même, puisque, comme il est manifeste à partir de ce qui précède, l'acte de percevoir et <celui> d'intelliger sont de loin divergents : ce dernier reposant naturellement sur la délibération, celui-là pas du tout. Mais encore, les différents sens, quand ils opèrent en même temps sur un même objet – par exemple dans ce cas précis où, en même temps, je touche du bois et <le> vois –, n'excèdent pas leurs propriétés, bien qu'ils perçoivent le même objet de manières différentes. Par suite aussi, on retient chacune des perceptions sans l'autre. Voilà comment encore l'intellection, sans la sensation qui l'accompagnait, demeurera tout à fait intacte, à savoir : dans la même délibération de l'objet qui était là auparavant.

[§15] Mais ce que nous avons supposé sans la sensation, pourtant nous <en> décrirons l'image ; on aboutit à ceci que, puisque la sensation est aussi une perception confuse de l'âme – vu qu'elle ne distingue rien à partir de la raison –, il était nécessaire de le [10] supposer à l'exclusion de la sensation. En effet, là où la sensation opère, l'imagination ne peut opérer en même temps sur cela même ; évidemment, en l'absence de la sensation, l'imagination joue le rôle de la sensation [11], non certes en percevant par les sens, mais en percevant la chose absente comme la sensation <le> fait quand elle distingue sans jugement, comme nous le mentionnons déjà assez.

[§16] Par conséquent, il n'y a imagination que d'une chose absente, dont visiblement la présence ne rencontre pas la sensation [12] ; mais <il n'y a> sensation que d'une chose présente. Quant à l'intellection, elle jaillit également, tant de la chose absente que de la présente ; et on doit noter que, partout où la sensation peut se trouver, l'imagination aussi <le peut>. Car les bêtes aussi, en l'absence des choses qu'elles ont perçues, en

10. Le = ce que nous avons supposé sans la sensation.

11. Littéralement : *elle joue son rôle.*

12. L'auteur semble se prémunir contre une objection de cette sorte : « Si on imagine un bouc-cerf à quelques pas de nous, il est présent… »

quedam longius quedam breuius, hanc imaginationem deferunt quam sensus in eis reliquit impressam [1]. Notandum quoque quod cum quidam omnes imaginationes quasdam sensuum, ut diximus, recordationes esse uelint, hoc est eas ex rebus sentitis solummodo haberi, Aristotiles tamen, teste Boetio [2] super Perihermenias, intellectus nostros sine [3] imaginationibus minime haberi perhibet [4].

[§17] Vnde cum plerosque de incorporeis rebus habeamus intellectus, tunc [5] de his quoque corporeis que nullo unquam sensu attractauimus ; oportet, iuxta Aristotilem, imaginationem dici, quam nos supra descripsimus, omnem uidelicet confusam anime perceptionem sine sensu, siue illa quidem perceptio ex sensu surrexerit siue minime [6].

[§18] Quod uero Aristotiles dicit, intellectus nostros minime absque imaginationibus haberi, ita accipiendum est, arbitror,

1. « Quibus uero sensus adest, non tantum eas rerum capiunt formas quibus sensibili corpore feriuntur præsente, sed abscedente quoque sensu sensibilibusque sepositis cognitarum sensu formarum imagines tenent, memoriamque conficiunt, et prout quodque animal ualet, longius breuiusque custodit. » : A. M. S. Boethii *In Isagogen Porphyrii commentorum editionis secundæ liber primus*, éd. S. Brandt, Vindobonæ – Lipsiæ, MDCCCCVI, p. 136 (17-22).

2. « Certe neque hæc (=primi intellectus) sunt imaginationes, sed sine imaginationibus non sunt. » : A. M. S. Boethii *Commentarii in librum Aristotelis Peri Ermenias secunda editio*, recensuit C. Meiser, pars posterior, Lipsiæ, 1880 (reprint New-York & London, Garland Publishing Inc., 1987), p. 28 (23-25).

3. sine *AU*] absque *C*.

4. perhibet *AU*] prohibet *C*.

5. tunc *lectio difficilis*] sunt *CU*.

6. « Nam cum res aliqua sub sensum uel cogitationem cadit, prius eius quædam necesse est imaginatio nascatur, post uero plenior superueniat intellectus cunctas eius explicans partes quæ confuse fuerant imaginatione præsumptæ. » : A. M. S. Boethii *Commentarii in librum Aristotelis Peri Ermenias secunda editio*, éd. C. Meiser, p. 29 (6-10).

retiennent une image, ainsi qu'en témoigne Boèce[13], comme si elles étaient encore attachées à ces choses mêmes qu'elles ont perçues, grâce à un quelconque souvenir provenant de l'imagination, comme elles ont fait auparavant à partir de la sensation ; et dans la mesure de leurs capacités, les unes plus longuement, les autres plus brièvement, elles emportent cette image que la sensation a laissée empreinte en elles. On doit noter aussi que, quoique certains veulent que toutes les imaginations soient, comme nous <l'>avons dit, de quelconques souvenirs des sensations, – c'est-à-dire que vous pensez seulement ces souvenirs <qui sont> gardés des choses –, Aristote pourtant rapporte, comme en témoigne Boèce sur le *Perihermeneias*[14], que, sans images, nous n'obtenons pas du tout d'intellections.

[§17] D'où, tout en ayant la plupart de nos intellections à propos de choses incorporelles, nous en avons aussi à propos de choses corporelles que nous n'avons jamais cherché à saisir par la sensation ; il faut, conformément à Aristote[15], que l'imagination – que nous avons décrite plus haut –, soit définie évidemment comme <étant> toute perception confuse de l'âme sans la sensation : que cette perception, certes, ait jailli de la sensation ou pas du tout.

[§18] Ce que dit vraiment Aristote – que nous n'obtenons pas d'intellections du tout sans images –, doit être reçu ainsi, je crois :

13. « Mais ceux qui possèdent la sensation ne saisissent pas seulement les formes des choses, qui les frappent en la présence d'un corps sensible, mais en son absence aussi, les corps étant éloignés, ils retiennent les images des formes connues auparavant par la sensation, en constituent un souvenir, et dans la mesure où l'animal le peut, il le garde plus ou moins longtemps. » : A. M. S. Boethii *In Isagogen Porphyrii commenta*, éd. S. Brandt, p. 136 (17-22).

14. « Et certainement <les intellections premières> ne sont pas des imaginations, mais elles n'existent pas sans images. » : A. M. S. Boethii *Commentarii in librum Aristotelis Peri Ermenias secunda editio*, éd. C. Meiser, p. 28 (23-25). Voir aussi note 20 ci-dessous.

15. « Car lorsqu'une chose tombe sous le sens ou la réflexion, il est d'abord nécessaire que naisse une certaine image de cette chose. Mais ensuite une intellection plus complète la recouvre, explicitant toutes ses parties qui avaient été confusément pressenties par l'imagination. » : A. M. S. Boethii *Commentarii in librum Aristotelis Peri Ermenias secunda editio*, éd. C. Meiser, p. 29 (6-10).

quod, dum in aliqua re per intellectum aliquam eius naturam aut proprietatem deliberare nitimur eamque solam attendere curamus, ipsa sensus consuetudo, a quo omnis humana notitia surgit, quedam per imaginationem ingerit animo, que nullo modo attendimus.

[§19] Verbi gratia, dum in homine hoc solum quod ad humanitatis naturam attinet intelligere nitimur, utpote animal rationale mortale, circumscriptis scilicet omnibus aliis que ad substantiam humanitatis non attinent, profecto multa se per imaginationem nolenti animo obiciunt que omnino ab intentione abiecimus, utpote color aliquis siue longitudo aut membrorum quecumque dispositio et plereque accidentales forme corporum quas frequenter sensibus experti sumus. Adeo quidem ut, quod mirabile est, dum aliquid tamquam incorporeum [1] per intellectum attendo, sensuum usu tamquam corporeum imaginari cogor, uel dum aliquid tamquam non coloratum intelligo, necessitate consuetudinis sensus tamquam coloratum imaginor.

[§20] Sensus quippe in nobis primum excitantur et frequentes sunt ; deinde ad imaginationem, tandem ad intellectum humanus surgit animus. Quod uero primum didicimus firmius retinemus ; hinc [2] est illud oratianum [3] : *Quo semel est inbuta recens seruabit odorem Testa diu.* Adeo autem, ut suprameminimus, sensus consuetudo adnectitur [4] nobis, ut uix aut numquam aliquid intelligere ualeamus, quod non tamquam corporeum et corporeis proprietatibus subiectum imaginemur. Ideo autem dictum est uix quia fortassis, iuxta Boetium [5], intelligentia quam paucorum admodum hominum et solius Dei esse dicit, omnem et sensum et imaginationem [6] ita transcendit [7] ut sine utroque habeatur, ut

1. incorporeum *scr. cum CU*] corporeum *A*.
2. hinc] hoc modo *CU*.
3. Horatii *Epistulæ*, I, 2, uu. 69-70.
4. *lectio difficilis.*
5. « Ratio uero humani tantum generis est sicut intelligentia sola diuini... » : A. M. S. Boethii *Philosophiæ Consolatio* V, prose 5, 4, éd. L. Bieler (Corpus Christianorum, tome XCIV), Turnholti, 1957, p. 99 (16-17).
6. « Intelligentiæ uero celsior oculus exsistit... » : A. M. S. Boethii *Philosophiæ Consolatio* V, prose 4, 30, éd. L. Bieler, p. 97 (78-79).
7. transcendit *AC*] trascendit *U*.

pendant que, à propos de quelque chose, nous nous efforçons, par une intellection, de délibérer de sa nature ou de quelque propriété et que nous nous soucions de ne viser qu'elle seule, l'habitude même de la sensation – d'où provient toute connaissance humaine –, impose à l'esprit, par l'imagination, des choses que nous n'avons d'aucune façon visées.

[§19] Par exemple : pendant que nous nous efforçons d'intelliger, dans l'homme, seulement ce qui concerne la nature de son humanité – soit un animal raisonnable mortel –, après avoir éliminé naturellement tout ce qui ne concerne pas la substance de l'humanité, beaucoup de choses assurément – que nous avons entièrement rejetées de notre intention –, se proposent à l'esprit malgré lui par l'imagination : soit une quelconque couleur, une longueur, une certaine disposition des membres, et de très nombreuses formes accidentelles des corps que nous avons fréquemment éprouvées par les sensations. À ce point, de fait, que, – ce qui est admirable! – pendant que je vise par une intellection quelque chose comme incorporelle, je suis contraint par la pratique des sensations de me <l'>imaginer comme corporelle ; ou bien, pendant que j'intellige une chose comme non colorée, par la nécessité de l'habitude de la sensation, je me <l'>imagine comme colorée.

[§20] De fait, les sensations sont d'abord éveillées en nous et elles sont continues ; ensuite l'esprit humain s'élève jusqu'à l'imagination, enfin jusqu'à l'intellection. Quant à ce que nous avons dit en premier lieu, nous <le> maintenons plus fermement ; de là vient ceci d'Horace : « *L'amphore neuve gardera longtemps l'odeur de son premier contenu* »[16]. Or, comme nous <le> mentionnons plus haut, l'habitude de la sensation nous est à tel point liée qu'à peine ou jamais, nous pouvons intelliger une chose quelconque sans l'imaginer comme corporelle et sujette à des propriétés corporelles. Mais on a dit *à peine* pour cette raison que peut-être, conformément à Boèce[17], l'intelligence, qu'il dit appartenir tout à fait à un très petit nombre d'hommes et à Dieu

16. Horace, *Epîtres*, I, 2, vv. 69-70.

17. « La raison est le privilège de l'espèce humaine, comme l'intelligence est celui de la divinité. » : Boèce, *La consolation de la Philosophie* V, prose 5, 4, traduction A. Bocognano, Paris, Garnier, 1937, p. 239.

uidelicet nichil animo occurrat nisi id solum quod intelligitur atque attenditur [1].

[§21] (f. 65r) Est itaque intelligentia huiusmodi intellectus quem nulla confusa perceptio anime comitatur, siue per imaginationem siue per sensum. Deo autem clarum est nec sensum nec imaginationem inesse posse, cum sit utrumque confusa anime perceptio, sed perpetuo eum cuncta intellectu continere, ceu [2], si diligentius consideremus, idem est intelligere quod scire.

[§22] Quod uero Boetius dicit intelligentiam paucissimorum hominum esse, nequaquam, iuxta Aristotilem, in hac uita contingere credimus, nisi forte per excessum contemplationis reuelatio diuina alicui fiat magisque hunc excessum mentis ab Aristotile scientiam quam intellectum appellari credimus, nec eum humani animi dicendum sed diuini ; cum iam a Deo assumpta anima ipsum quodammodo induit, et deficiente et [3] quodammodo in nobis moriente homine, suscitatur Deus.

[§23] Opponit fortassis aliquis aduersus Aristotilem quod, cum sensus et intellectus simul sunt, habetur intellectus sine imaginatione. Ad quod respondemus non ita esse. Cum enim lignum quod uideo intelligo, duriciam tamen eius uel aliud aliquid quod [4] uisus

1. « Deus uero...singulos status in se ipsis distinguit..., qui solus ueram habet intelligentiam. » : P. Abælardi *Glossæ super Porphyrium*, éd. B. Geyer, p. 23 (11-13). *Et rursus* : « ...quae quidem intelligentia solius Dei est et ualde paucorum hominum. » : P. Abælardi *Glossæ super Peri Ermenias*, éd. B. Geyer, p. 331 (2-3).

2. ceu] cum *CU*.

3. et] *om. U*.

4. aliud aliquid quod *AU*] aliud quod *C*.

seul, transcende et toute sensation et toute imagination [18] – de cette manière qu'elle <n'>est occasionnée par aucune des deux –, de sorte qu'évidemment rien <ne> se présente à l'esprit sauf ce qui est intelligé, et en outre est visé.

[§21] Par conséquent, l'intelligence est une intellection de cette espèce qu'aucune perception confuse de l'âme <n'>accompagne, soit par l'imagination, soit par la sensation. Quant à Dieu, il est clair que ni la sensation ni l'imagination <ne> peuvent <L'>habiter, puisque toutes les deux sont une perception confuse de l'âme ; mais Lui embrasse, d'une seule intellection, toutes les choses ensemble de façon continue, comme si intelliger, si nous considérons plus attentivement la chose, était la même chose que savoir [19].

[§22] Quant à ce que dit Boèce, – que l'intelligence <n'>appartient <qu'>à un très petit nombre d'hommes –, conformément à Aristote, nous <ne> croyons nullement <y> parvenir dans cette vie, à moins que par hasard, dans le ravissement de la contemplation, une révélation divine <ne> soit faite à quelqu'un ; et nous croyons qu'Aristote appelle ce ravissement de l'esprit plus un savoir qu'une intellection, et on ne doit pas la dire de l'esprit humain, mais divin ; quand l'âme, enfin ravie par Dieu, revêt en quelque sorte cette intellection même, et quand l'homme en nous est comme mort et s'est de quelque façon écarté, Dieu est éveillé.

[§23] Quelqu'un soutient peut-être contre Aristote que, lorsque la sensation et l'intellection se produisent en même temps, on a l'intellection sans l'imagination. À cela, nous répondons qu'il n'<en> est pas ainsi. En effet, quand j'intellige le bois que je vois,

18. « Quant à l'intelligence, son regard voit plus haut… » : Boèce, *La consolation de la Philosophie* V, prose 4, 30, traduction A. Bocognano, p. 235.

19. « Intelliger, *intelligere*, c'est saisir directement une vérité, la saisir immédiatement ; raisonner, *ratiocinari*, c'est la saisir en franchissant des étapes. […] Et au sens propre du terme, Dieu n'est pas raisonnable : il est intelligent ; il ne rampe pas vers la vérité : il l'atteint d'un seul bond. Cependant, c'est la même intelligence qui, chez l'être humain, pose les deux actes dont nous venons de parler… » : M. Blais, *L'autre Thomas d'Aquin*, Montréal, Boréal, 1990, p. 134, sur la *Somme théologique*, I, question 79, article 8.

non percipit imaginor, et ita absque imaginationibus nostros intellectus non esse, bene dicit Aristotiles [1].

DIFFERENTIA EXISTIMATIONIS AD INTELLECTVM

[§24] Visa autem nunc differentia intellectuum [2] ad sensum [3] et imaginationem seu etiam rationem, restat eam ad existimationem et scientiam assignare. Inde autem maxime existimatio idem quod intellectus uidetur esse, quod nonnumquam *intelligere* pro [4] *existimare* dicimus, et opinionis nomen, quod idem est quod existimatio, ad intellectum quandoque transfertur. Sed differunt quod existimare credere est, et existimatio idem quod credulitas siue fides.

[§25] Intelligere autem speculari est per rationem, siue ita credamus esse siue minime. Vnde cum audio dici *homo lignum est*, non minus huius propositionis intellectum concipio, si tamen conceptui fidem non adhibeam, hoc est non ita ut concipio esse credam. Omnis itaque qui aliquid existimat, id quod existimat necessario intelligit ; non autem e conuerso.

[§26] Nec ulla est existimatio, nisi de eo quod propositio dicere habet, hoc est de aliqua rerum uel coniunctione uel diuisione. Vnde numquam eam sine propositionis intellectu haberi constat.

1. « Ex utriusque itaque uerbis aperte monstratur intellectus humanos sine imaginationibus non haberi. » : P. Abælardi *Glossæ super Peri Ermenias*, éd. B. Geyer, p. 317 (8-9).
2. intellectuum *AC*] intellectum *U*.
3. sensum *scr. cum CU*] sensuum *A*.
4. pro *AU*] per *C*.

je m'imagine néanmoins sa dureté ou quelque autre chose que la vue ne perçoit pas, et ainsi nos intellections n'existent pas sans nos imaginations, comme le dit bien Aristote [20].

DIFFÉRENCE DE L'ESTIMATIVE PAR RAPPORT À L'INTELLECTION

[§24] Maintenant qu'on a vu la différence des intellections par rapport à la sensation, à l'imagination, et même à la raison, il reste à souligner celle <des intellections> par rapport à l'estimative et à la science. Or à partir de là, l'estimative surtout paraît être la même chose que l'intellection, parce que nous disons parfois *intelliger* pour *estimer*, et le nom d'*opinion* – qui est la même chose que l'estimative –, est parfois employé au lieu d'*intellection*. Mais elles diffèrent parce qu'estimer est croire, et l'estimative <est> la même chose que la crédulité ou la foi [21].

[§25] Or intelliger, <c'>est se représenter mentalement au moyen de la raison, que nous ajoutions créance ou non <aux choses intelligées>. Par suite, quand j'entends dire *un homme est du bois*, je n'en conçois pas moins l'intellection de cette proposition, même si cependant je n'ajoute pas foi au concept, c'est-à-dire même si je ne crois pas que mon concept s'accorde à la réalité. C'est pourquoi quiconque estime quelque chose, intellige nécessairement ce qu'il estime : mais non l'inverse.

[§26] Et il n'y a estimative que de ce que la proposition a à dire, c'est-à-dire de quelque liaison ou division des choses. Par suite, c'est un fait établi qu'on ne l'obtient jamais sans l'intellection d'une proposition.

20. « Quant à l'âme dianoétique, les images remplacent pour elle les sensations, [...]. C'est pourquoi jamais l'âme ne pense sans image. » : Aristote, *De l'âme*, III, 7 (431a14-16), traduction J. Tricot, Paris, Vrin, 1947, p. 191.

21. « Ce passage serait au besoin la preuve que cet ouvrage est d'Abélard. Cette analogie de l'*estimatio* avec la foi qu'il définit l'une par l'autre, est une opinion qu'il avait empruntée au de Anima (III, 3), et que St-Bernard lui a reprochée. » : Ch. de Rémusat, *Abélard*, tome I, Paris, Lagrange, 1845 (reprint Frankfürt/Main, Minerva GMBH, 1975), p. 490, note 1.

SCIENTIE AD EXISTIMATIONEM SIVE INTELLECTVM

[§27] Scientia autem neque intellectus est neque existimatio, sed est ipsa animi certitudo que non minus, absente uel existimatione uel intellectu, permanet. Alioquin dormientes scientiam amitterent, cum Aristotiles scientias et uirtutes ex diuturnitate sui inter habitus potius quam inter dispositiones collocauit [1].

[§28] Hoc de differentia intellectuum ad supraposita .V. [2] dici sufficiat.

DE DIFFERENTIA INTELLECTVVM

[§29] Nunc autem, iuxta promissionis nostre propositum, ipsos ab inuicem intellectus superest diligenter distinguere, ut secundum eos clara fiat sermonum discretio.

[§30] Distinguendum est igitur qui sint intellectus qui compositi, et qui uni quiue multiplices, qui etiam sani, qui cassi, et qui ueri uel falsi dicendi sint, quidque inter componentem et compositorum referat intellectum uel diuidentem et diuisorum, seu diuidentem et abstrahentem [3].

QVI INTELLECTVS SIMPLICES, QVI COMPOSITI

[§31] Simplices quidem dicimus intellectus sicut et simplices quasdam actiones aut tempora que scilicet nullis succedentibus sibi partibus coniunguntur, compositos uero e contrario [4]. Sicut

1. « Differt autem habitus affectione quod permanentior et diuturnior est ; tales uero sunt scientiae uel uirtutes. » : Aristote, *Categoriae*, 8 (8b28-29), translatio Boethii, éd. L. Minio-Paluello, *Aristoteles Latinus*, tome I, fascicules 1-5, pp. 23-24 (25-1). *Et rursus* : « Differentiam assignat inter habitum et dispositionem, quod uidelicet habitus non facile mouetur sicut dispositio. » : P. Abælardi *Glossæ super Predicamenta aristotelis*, éd. B. Geyer, Münster, Aschendorff, 1919, p. 227 (3-4).

2. .V. *A*] uniuersaliter *CU*.

3. « ...ostendendo scilicet, quis sit intellectus simplex, quis compositus, et rursus quis unus sit, quis multiplex uel quis sanus, quis uanus, quis etiam uerus uel falsus, quis coniungens, quis coniunctorum, quis diuidens, quis diuisorum uel quis abstrahens. » : P. Abælardi *Glossæ super Peri Ermenias*, éd. B. Geyer, p. 325 (13-17).

4. e contrario *AU*] contra *C*.

DE LA SCIENCE PAR RAPPORT À L'ESTIMATIVE OU À L'INTELLECTION

[§27] La science n'est ni une intellection, ni une estimative, mais elle est une certitude même de l'esprit, qui persiste néanmoins en l'absence de l'estimative ou de l'intellection. Autrement, les dormeurs perdraient leur science, alors qu'Aristote a placé les sciences et les vertus, par suite de leur longue durée, parmi les états plutôt que parmi les dispositions[22].

[§28] Qu'il <nous> suffise de dire cela, à propos de la différence entre les intellections et les cinq <affections de l'âme> qui précèdent.

DE LA DIFFÉRENCE DES INTELLECTIONS

[§29] Maintenant, suivant le plan promis, il reste à différencier soigneusement les intellections elles-mêmes les unes des autres, pour que, d'après elles, la distinction du langage devienne manifeste.

[§30] On doit donc distinguer quelles sont les intellections qui sont composées, lesquelles <sont> unes ou multiples, lesquelles encore <sont> saines, lesquelles <sont> vaines, et lesquelles doivent être appelées vraies ou fausses ; qu'est-ce qui encore <les> ramène parmi l'intellection qui compose et <celle> des choses composées, <l'intellection> qui divise et <celle> des choses divisées, ou <celle> qui divise et <celle> qui abstrait.

LES INTELLECTIONS QUI <SONT> SIMPLES, <CELLES> QUI <SONT> COMPOSÉES

[§31] Certes nous appelons simples <certaines> intellections, tout comme <nous appelons> simples certaines actions ou temps des verbes qui, naturellement, ne sont composés d'aucunes parties successives ; mais dans le cas contraire, <nous les appelons> composées. Car <la nature> des discours qui provoquent les

22. « L'habitus diffère toutefois de la disposition par le fait d'être plus stable et plus durable. Ainsi en est-il des sciences et des vertus... » : Aristote, *Les Attributions (Catégories)...*, 8 (8b27-30), traduction Y. Pelletier, p. 43.

enim sermonum qui intellectus excitant, ita est et intellectuum natura, ut uidelicet sicut sermonum alii simplices sunt, singule scilicet dictiones, alii compositi, uelut orationes quas ex diuersis necesse est confici dictionibus propriam in ipsis significationem tenentibus ; ita et intellectus ex sermonibus habiti uel iuxta ipsorum instructionem habendi, modo simplices sunt qui uidelicet ex simplicibus habendi sunt sermonibus, modo compositi qui ex compositis [1].

[§32] Sicut enim qui loquitur et dicit *homo ambulat* per plures progreditur significatiuas dictiones, ita qui audit ex singulis dictionibus proprios colligendo intellectus procedit. Primum quidem hominem intelligendo, cum uidelicet audit *homo* quod ad significandum hominem institutum est ; postea ambulationem, cum audit *ambulat*, eam insuper homini copulando.

[§33] Attende autem quod diximus, intellectum simplicem non qui omnino partibus caret, sed qui per successionem nullas habet. Sepe enim per dictionem unam plura intelligimus simul, ueluti cum audimus *duo* uel *tria* uel etiam hoc nomen *plura*, uel *populum* uel *gregem*, uel *aceruum* uel *domum* et quodlibet nomen multarum comprehensiuum rerum, siue partium in quantitate conuenientium siue materie simul et forme. Nam hominis nomen et materiam ipsam animalis et rationalitatem et mortalitatem [2] simul determinat, sed simul omnia non per successionem in ipso nomine intelliguntur.

[§34] Et plures fortasse sunt simul actiones in uno simplicis sermonis intellectu, secundum hoc quod plura concipit animus, ut uidelicet ex una quaque re quam deliberat, unam habeat actionem. Sed tamen non minus simplex est intellectus dicendus si nullis per successionem partibus tamen dicitur ; possunt itaque eedem res et

1. compositis *AC*] compositi *U*.
2. et mortalitatem *scr. cum U*] mortalitatem *AC*.

intellections est comme celle des intellections, de sorte qu'évidemment de même qu'entre les discours, les uns sont simples – à savoir : les mots un à un –, et les autres, composés – comme les phrases [23], qui sont nécessairement constituées de mots différents contenant en eux-mêmes une signification propre –, de même aussi les intellections obtenues des discours, ou qu'on doit <en> obtenir selon leur agencement, sont tantôt simples – qu'on doit obtenir des discours simples –, tantôt composées – qu'<on doit obtenir> des <discours> composés.

[§32] En effet, comme celui qui parle et dit *l'homme marche* chemine au moyen de plusieurs mots significatifs, de même son auditeur réussit à rassembler les intellections appropriées à partir des mots un à un. D'abord certes en intelligeant un homme, quand il entend *l'homme*, nom qui a été établi [24] pour signifier un homme ; ensuite <en intelligeant> l'action de marcher, quand il entend *marche*, en la reliant en plus à l'homme.

[§33] Mais sois attentif à ce que nous avons dit : l'intellection simple n'est pas celle qui est entièrement exempte de parties, mais celle qui n'<en> possède aucune par succession. Souvent en effet, d'un seul mot, nous intelligeons plusieurs choses en même temps ; par exemple, quand nous entendons *deux* ou *trois*, ou encore ces noms *plusieurs choses, le peuple, le troupeau, un tas, la maisonnée*, et n'importe quel nom qui contient beaucoup de choses, soit dans la quantité des parties idoines, soit <dans celle> de la matière et de la forme en même temps. Car le nom d'homme détermine en même temps, et la matière même d'un animal, et la faculté de raisonner, et la nature mortelle ; mais on intellige le tout en même temps, non par succession, dans le nom même.

[§34] Il y a peut-être aussi plusieurs actions en même temps dans une seule intellection de discours simple – conformément au fait que l'esprit conçoit plusieurs choses – en admettant évidemment qu'il n'obtienne qu'une seule action à partir de chaque chose dont il délibère. Mais on ne doit cependant pas moins dire simple <cette> intellection, si toutefois elle n'est pas

23. Dans cet opuscule, la phrase est une attribution sans verbe : *une rose rouge*, contrairement à la proposition, qui contient nécessairement un verbe : *la rose est rouge*.

24. Conventionnellement.

per simplicem simul intellectum concipi, et per compositum succedentem. Nam et tres lapides ante me positos uno intuitu [1] modo simul uideo, modo per successionem pluribus obtutibus unum post alium uideo [2].

[§35] Sicut ergo sensu, ita et intellectu agitur, ut uidelicet modo aliquid simul animus per intellectum simplicem speculetur, modo per suc/cessionem (f. 65v) diuersis intellectibus diuersa. Et hec [3] est, ut arbitror, differentia intellectuum dictionis et orationis easdem prorsus res significantis, quod uidelicet per dictionem que nullis scilicet significatiuis partibus constat, omnia simul intelligimus ; per orationem uero, eadem per successionem colligimus [4].

[§36] Verbi gratia, cum sit eadem secundum [5] conceptionem rerum sententia huius nominis *animal* et eius diffinitionis que est *corpus animatum sensibile*, modus tamen intelligendi in eo, ut diximus, differt, quod per nomen simul illa tria, per diffinitionem succedenter eam [6] intelligimus, sicut dictiones ipsas succedenter audimus priusquam naturam corporis attendentes, cum audimus corpus, deinde proprietatem animati, et postmodum sensibile.

[§37] Est itaque intellectus nominis et diffinitionis eius proprie, quodammodo idem et quodammodo diuersus. Idem quidem secundum effectum intellectarum rerum, quia uidelicet in utraque uoce easdem res intelligimus.

[§38] Diuersus autem, quia ibi omnia simul, hic succedenter [7], formas scilicet superaddendo materie iam antea intellecte. Et cum

1. intuitu *AC*] intuito *U*.

2. « Nam et plures lapides modo uno intuitu simul comprehendo, modo eosdem singillatim pluribus intuitibus accipio... » : P. Abælardi *Glossæ super Peri Ermenias*, éd. B. Geyer, p. 325 (32-34).

3. hec] hoc *CU*.

4. « Vnde semper et simplex intellectus dictionis, orationis uero compositus, etiamsi eadem comprehendant. » : P. Abælardi *Glossæ super Peri Ermenias*, éd. B. Geyer, p. 325 (36-37).

5. secundum] ad *CU*.

6. eam] ea *CU*.

7. succedenter] succedunt *CU*.

exprimée par parties successives ; par conséquent les mêmes choses peuvent être conçues et par une intellection simple – en même temps –, et par une <intellection> composée – par succession. Et de fait, ayant jeté un seul coup d'œil sur trois pierres posées devant moi, tantôt je <les> vois en même temps, tantôt je <les> vois par succession, l'une après l'autre, en plusieurs regards.

[§35] Donc, comme on opère par la sensation, de même aussi par l'intellection, de sorte que tantôt l'esprit se représente quelque chose mentalement, en même temps, par une intellection simple ; tantôt, par succession, <il se représente> des choses différentes par différentes intellections. Et c'est, à ce que je crois, la différence entre les intellections du mot et de la phrase signifiant tout à fait les mêmes choses parce que par le mot – qui n'est constitué d'aucune partie significative –, nous intelligeons en même temps le tout, tandis que par la phrase, nous rassemblons le tout par succession.

[§36] Par exemple : bien que soit le même, d'après la conception des choses, le sens de ce nom *animal* et <celui> de sa définition, qui est *un corps animé sensible*, le mode d'intelliger [25] cependant, comme nous l'avons dit, diffère en cela que par le nom, nous intelligeons ces trois choses en même temps : par la définition, nous <intelligeons> cette dernière successivement, d'autant que vraiment nous entendons les mots eux-mêmes successivement avant que de viser la nature du corps, quand nous entendons *corps*, ensuite la propriété d'*animé* et bientôt après *sensible*.

[§37] Par conséquent, l'intellection du nom et <celle> de sa définition particulièrement est d'une certaine façon la même, et d'une certaine façon différente. La même, certes, selon le résultat des choses intelligées, parce qu'évidemment nous intelligeons les mêmes choses avec l'une ou l'autre formule.

[§38] Mais différente, parce que là, le tout <s'intellige> en même temps ; ici successivement, en ajoutant des formes à une

25. Abélard fait ici allusion aux trois modes de la grammaire spéculative : le *modus essendi*, ou le mode d'être ; le *modus intelligendi*, le mode d'intelliger ou de connaître ; enfin le *modus significandi*, ou mode de signifier.

in utroque intellectu animalis natura integre concipiatur, tam secundum materiam scilicet eius quam secundum formas, in quibus tota animalis constitutio consistit, intellectus nominis coniunctorum seu compositorum dici potest, non tamen aut coniungens aut componens et e contrario intellectus orationis [1].

[§39] Quippe qui hoc nomen *animal* audit, simul hec tria : corpus, et animationem, et sensibilitatem, ut in substantia animalis coniuncta, attendit, et ideo hic intellectus, qui de rebus ut iam coniunctis habet [2], coniunctorum est.

[§40] Ille autem coniungens est intellectus qui, per successionem progrediendo, quibusdam rebus prius intellectis alias postmodum intellectas aggregat, ueluti cum animationem et sensibilitatem materie primitus intellecte tamquam formas per intellectum adiungimus, hoc est ut informantes eam quam primo pure conceperamus, postmodum attendimus.

IN QVO DIFFERANT [3] INTELLECTVS DISIVNCTORVM A DISIVNGENTE

[§41] Sicut autem alius est intellectus coniunctorum quam coniungens, ille [4] quippe dictionis est, hic [5] orationis, ita intellectus diuisorum et diuidens. Sicut [6] enim *animal* intellectum coniunctarum rerum facit, ita *non animal* quod est infinitum nomen et sonat *res que non est animal* diuisorum facit.

[§42] Et sicut animalis deffinitio [7] coniungentem facit intellectum, ita descriptio non animalis diuidentem, que est res que non est animal. Prius quippe in hac oratione *res que non est animal*, rem simpliciter attendo per premissionem [8] nominis huius, quod est *res*, postmodum per hoc quod subditur *que non est animal*,

1. « Et intellectus quidem dictionis coniunctorum uel diuisorum esse potest, numquam coniungens uel diuidens. » : P. Abælardi *Glossæ super Peri Ermenias*, éd. B. Geyer, p. 325 (38-39).

2. habet] habetur *CU*.

3. DIFFERANT] DIFFERAT *CU*.

4. ille *scr.*] hic *ACU*.

5. hic *scr.*] ille *ACU*.

6. Sicut *AC*] Sic *U*.

7. deffinitio *sic A*.

8. premissionem] promissionem *CU*.

matière déjà intelligée auparavant. Et puisque dans l'une ou l'autre intellection on conçoit intégralement la nature d'un animal – tant d'après sa matière que d'après les formes sur quoi se fonde toute condition animale –, l'intellection du nom peut être appelée <intellection> des choses rassemblées ou composées ; non pas toutefois <intellection> qui rassemble ou qui compose ; et à l'inverse, l'intellection de la phrase.

[§39] En effet, celui qui entend ce nom *animal*, vise en même temps ces trois choses – un corps, la qualité d'être animé et la sensibilité – comme rassemblées dans la substance de l'animal ; et à cause de cela, cette intellection qui traite des choses comme si elles étaient déjà rassemblées, est <une intellection> des choses rassemblées.

[§40] Mais cette intellection-là rassemble, qui, en cheminant par succession, à des choses auparavant intelligées <en> associe d'autres intelligées bientôt après ; par exemple : lorsque, par une intellection, nous ajoutons à une matière intelligée à l'origine la qualité d'être animé et la sensibilité comme des formes, c'est-à-dire comme si elles organisaient cette <matière> que nous avions d'abord conçue comme pure, <que> bientôt après nous visons.

EN QUOI DIFFÉRERAIENT LES INTELLECTIONS DES CHOSES DIVISÉES DE <L'INTELLECTION> QUI DIVISE

[§41] Mais de même que l'intellection des choses rassemblées est autre que <l'intellection> qui rassemble – celle-là est en effet <l'intellection> d'un mot, celle-ci d'une phrase –, ainsi l'intellection des choses divisées <est autre que l'intellection> qui divise. En effet, comme *animal* produit une intellection des choses rassemblées, de même *non animal* – qui est un nom indéfini et signifie *une chose qui n'est pas un animal* – produit <une intellection> des choses divisées.

[§42] Et de même que la définition d'*animal* produit une intellection qui rassemble, ainsi la description de *non animal* – qui est *une chose qui n'est pas un animal* – <produit une intellection> qui divise. En effet, dans cette phrase *une chose qui n'est pas un animal*, je vise d'abord simplement une chose – par suite de l'énonciation de ce nom qui est *une chose* –, bientôt après – par suite de ce qui est exposé *qui n'est pas un animal* – je sépare de

animalis naturam a re quadam separo, ut iam quamdam rem tamquam non sit animal concipiam.

[§43] Sunt itaque intellectus coniunctarum uel diuisarum rerum : dictionum tantum. Coniungentes uero uel diuidentes intellectus orationum tantum sunt. Illi quippe simplices sunt, isti compositi.

[§44] Sunt plerique fortassis qui intellectus simplices nullas omnino partes habere concedant, neque scilicet per successionem, neque simul. Qui enim, inquiunt, plura simul intelligit una simplici actione omnia simul attendit.

[§45] Sed in hoc quidem refellendo, non nobis persistendum censemus, in quo aut comprobando aut reprobando mihi nunc occurrit ratio. Hec de simplici et composito intellectu, siue de intellectu coniunctorum et coniungente, uel diuisorum et diuidente ad presens dicta sufficiant. Nunc de uno et multiplici consideremus intellectu.

QVI VNI, QVI MVLTIPLICES INTELLECTVS

[§46] Vnos autem dicimus intellectus quicumque simplices sunt, uel si sunt compositi, in una coniunctione uel diuisione seu disiunctione consistunt [1]. Multiplicem autem intellectum e contrario accipimus, hoc est quicumque horum nullum habet.

[§47] Vna autem est coniunctio, uel diuisio, siue disiunctio intellectus per quam animus continue, ex uno mentis impulsu, progreditur et una dirigitur intentione, per quam ei quod primum intellectum est aliquid coniungendo uel disiungendo, uel inter ipsum et aliud disiungendo, cursum quodammodo inceptum sine interruptione consummet [2].

1. « Sic etiam unus intellectus dicitur non solum simplex, qui scilicet nullas habet partes, uerum etiam compositus, quando uidelicet actio intelligendi per imagines discurrens unam earum coniunctionem uel disiunctionem facit. » : P. Abælardi *Glossæ super Peri Ermenias*, éd. B. Geyer, p. 326 (16-22).

2. consummet] consummat *CU*.

<cette> chose particulière la nature de l'animal, de sorte qu'à l'instant, je conçois une chose particulière en tant qu'elle n'est pas un animal.

[§43] Par conséquent, les intellections des choses rassemblées ou divisées sont seulement <intellections> des mots. Les intellections qui rassemblent ou qui divisent sont <intellections> des phrases seulement. Celles-là sont effectivement simples, celles-ci composées.

[§44] Ils sont très nombreux peut-être ceux qui concéderaient que les intellections simples n'ont absolument aucunes parties, à savoir : ni par succession, ni en même temps. Car, disent-ils, celui qui intellige plusieurs choses en même temps vise en même temps toutes <ces> choses d'une seule et unique action.

[§45] Mais nous n'estimons certes pas devoir persister à réfuter cet <argument>, maintenant <que> je vois la raison pour <le> confirmer ou pour <le> rejeter. Que ces choses dites jusqu'à présent de l'intellection simple et composée, de l'intellection des choses rassemblées et <de l'intellection> qui rassemble, ou <de l'intellection> des choses divisées et <de l'intellection> qui divise, suffisent! Maintenant, portons nos réflexions sur l'intellection une et multiple.

LES INTELLECTIONS QUI <SONT> UNES, <CELLES> QUI <SONT> MULTIPLES

[§46] Nous appelons unes toutes les intellections qui sont simples, ou, si elles sont composées, <toutes celles qui> consistent en une seule liaison, une seule division ou une seule disjonction. Mais nous considérons comme multiple l'intellection <qui vient> à l'opposé, c'est-à-dire celle qui ne possède aucune de ces caractéristiques.

[§47] Or sont unes la liaison, la division ou la disjonction d'une intellection quand, par elles[26], l'esprit chemine de façon continue d'une seule impulsion de l'intelligence, et est aligné sur un seul effort par lequel – pour ce qui a d'abord été intelligé en rassemblant ou en séparant quelque chose, ou en séparant entre

26. La liaison, la division ou la disjonction.

[§48] Tunc autem unam huiusmodi coniunctionem animus habet, cum sic aliqua per successionem attendit, ut ea sic inuicem aptet, ut per ea discurrendo unam conficiat entiam [1], et insuper quotienscumque ad uim unius affirmationis quocumque modo aliqua inuicem colligat, siue per predicationem scilicet [2], siue per conditionis uel temporis coniunctionem, uel quolibet alio modo, dum hoc uidelicet, ut supra generaliter commemorauimus, uno mentis impulsu continue fiat.

[§49] Sed hec que tetigimus paucis declaremus exemplis : cum dico *animal rationale*, si continue ea profero, auditor ita animal et rationalitatem concipit ut unam rem ex animali et rationalitate constituat, quod est animal rationale. Nec minus cum dico *animal non rationale*, sic et animal et non rationale demonstro, ut tamen [3] ad unam substantiam ea copulem, idem uidelicet tam animal quam non rationale esse insinuans. Fit itaque hoc loco, cum dicitur *rationale*, quedam et coniunctio et diuisio : coniunctio scilicet *non rationale* ad *animal*, et diuisio, hoc est remotio rationalis [4]. Nec refert ad conceptionis modum uel unitatem siue in re ita sit ut concipitur siue non, sed ad conceptus solummodo ueritatem. Eque enim unus est intellectus *lapis rationalis* uel [5] *chimera alba* quomodo *animal rationale* uel *homo albus*. Vnde et huiusmodi orationes eque (f. 66r) unas reddunt propositiones quomodo et ille.

[§50] Transitiue quoque coniunctionis intellectus [6] unitatem essentie non respuit [7], cum uidelicet dicitur *domus Socratis* uel *similis Socrati* uel *accusans Socratem* uel *utens Socrate*. Licet

1. entiam] essentiam *CU*. « Huic eidem Sergio Flauio tribuit hæc duo *essentia* atque *entia* : ubi to' entia uideri potest substantiuum. Utcumque se res habeat, non usurpauerim, quamuis *Priscian.* tam grauem Cæsaris auctoritatem interponat. Usurpauit tamen, substantiuum more, pro eo quod existit, *Boeth.* in Porphyr. 3 p. 74 : "Hæc igitur *entia* possunt appellari". Adde *eumd. ibid.*, et alibi pluries. » : E. Forcellini *Lexicon Totius Latinitatis*, Patauii, A. Forni, MCMLXV.

2. scilicet] *om. C.*

3. tamen] tantum *CU.*

4. rationalis *AC*] *rationale U.*

5. uel] et *CU.*

6. enim] *suppl. C.*

7. respuit] respicit *CU.*

lui-même et autre chose – il achèverait [27] en quelque sorte sans interruption la démarche entreprise.

[§48] Mais alors, l'esprit <n'>obtient <qu'>une seule liaison de cette espèce : quand il vise des choses par succession – de telle sorte qu'il lie ces choses l'une à l'autre de manière telle qu'en discourant à l'aide de ces dernières, il <en> constitue une seule entité –, et en outre, toutes les fois que, de n'importe quelle manière, il lie des choses les unes aux autres jusqu'à la force d'une seule affirmation – soit par l'acte prédicatif, soit par la liaison d'une condition ou d'un temps, ou d'une quelconque autre manière –, pourvu évidemment, comme nous <l'>avons rappelé précédemment d'une manière générale, que cela soit fait de façon continue d'une seule impulsion de l'intelligence.

[§49] Mais à l'aide de quelques exemples seulement, faisons voir clairement ce dont nous avons parlé : quand je dis *animal raisonnable*, si je prononce ces mots de façon continue, un auditeur conçoit un animal et la rationalité de manière telle qu'il constitue une seule chose à partir d'un animal et de la rationalité, c'est-à-dire un animal raisonnable. Et tout autant quand je dis *animal non raisonnable*, je décris à la fois un animal et le non raisonnable de sorte que, malgré tout, je les lie à une seule substance, <en> laissant entendre que la même chose évidemment est autant animale que non raisonnable. Par conséquent, quand on dit *raisonnable*, il se produit ici à la fois une certaine liaison et une certaine division ; la liaison <de> *non raisonnable* à *animal*, et une division, c'est-à-dire la mise à l'écart du raisonnable. Et il n'importe pas pour le mode de conception ou pour son unité que, dans la réalité, il en soit bien comme on conçoit, ou non ; mais <cela importe> seulement pour la vérité du concept. Car sont également unes les intellections *pierre raisonnable* et *chimère blanche*, <tout> comme *animal raisonnable* ou *homme blanc*. Par suite encore, les phrases de cette espèce produisent des propositions unes, <tout> comme celles-là.

[§50] L'intellection de la liaison transitive non plus ne rejette pas l'unité de l'essence, quand on dit *la maison de Socrate* ou *semblable à Socrate* ou *accusant Socrate* ou *se servant de Socrate*.

27. Souligné dans le manuscrit.

enim suppositio obliqui casus ad eandem personam non fiat cum precedenti dictione, ut uidelicet eadem res subiecta utrique dictioni insinuetur, sequens tamen dictio, ex positione, constructionis proprietatem quamdam determinat in re precedentis dictionis, ex qua quidem proprietate cum illa re conuenienti, una quedam res compacta concipitur. Cum enim dicitur *domus Socratis*, ipse genitiuus, preter propriam nominationem de Socrate, possessionem quamdam determinat circa rem precedentis dictionis, dum eam tamquam a Socrate possessam insinuat, et tale est *domus Socratis* ac si diceretur *domus socratica*. Similiter ceteri obliqui transitiue aliquibus uocibus copulati quasdam terminant proprietates circa res precedentium dictionum, secundum aliquem modum sese [1] habendi ad res suas.

[§51] Atque ita, ex rebus precedentium dictionum et proprietatibus per obliquos circa eas determinatis, quedam une res compacte intelliguntur. Sepe autem contingit in uno intellectu plures fieri coniunctiones aut diuisiones siue disiunctiones, nec tamen ideo unitas tollitur intellectus, quia in toto intellectu unius coniunctionis summa est.

[§52] Verbi gratia, si dicam *homo ambulans qui currit* uel *homo ambulat qui currit*, due sunt coniunctiones : una quidem cursus ad hominem, in eo quod dicitur *homo qui currit* ; altera ad hominem currentem, cum adiungitur *ambulat*. Hec est enim recta constructionis series *homo qui currit ambulans, homo qui currit ambulat*, et fit in summa totius orationis una copulatio, ambulationis scilicet ad hominem talem, id est, currentem. Sed et si dicam *homo qui currit est homo qui ambulat*, tam in predicata [2] oratione quam in subiecta [3], una per se fit coniunctio. Sed quia ad hoc fiunt [4] ut de ipsis rursus in summa totius propositionis una fiat

1. sese *AU*] se *C*.
2. predicata] predicati *CU*.
3. subiecta] subiecti *CU*.
4. fiunt] fuerit *CU*.

En effet, bien que la subordination du cas oblique ne se fasse pas à la même personne que le mot précédent, – pour laisser entendre <que> la même réalité <est> assujettie à l'un et à l'autre mot –, cependant le mot suivant, par suite de sa terminaison, détermine dans la réalité du mot précédent une certaine propriété d'assemblage à partir de quoi certes, si la propriété convient à cette réalité, on conçoit une seule chose cohérente [28]. En effet, quand on dit *la maison de Socrate*, le génitif lui-même – indépendamment du nom propre de Socrate – détermine une possession par rapport à la réalité du mot précédent en la présentant comme possédée par Socrate, et <dire> *la maison de Socrate* est la même chose que dire *la maison socratique*. Semblablement, tous les autres <cas> obliques liés transitivement à certains sons vocaux déterminent certaines propriétés par rapport à la réalité des mots qui précèdent, conformément à quelque manière d'être en raison de leur réalité propre.

[§51] Et j'ajoute qu'ainsi, à partir de la réalité des mots précédents et des propriétés déterminées par les <cas> obliques par rapport à elle, on intellige comme unes certaines choses cohérentes. Or il arrive souvent qu'on rencontre plusieurs liaisons ou plusieurs divisions ou plusieurs disjonctions dans une seule intellection, et pourtant l'unité de l'intellection n'est pas pour autant supprimée parce qu'au total, il n'y a qu'une seule liaison dans l'intellection tout entière.

[§52] Par exemple, si je dis : *un homme <est> marchant qui court* ou *un homme marche qui court*, il y a deux liaisons : l'une de fait de la course à l'homme, vu qu'on dit *un homme qui court*, l'autre à un homme courant, quand on ajoute *marche*. De fait, voici la bonne construction syntaxique [29] : *un homme qui court <est> marchant, un homme qui court marche*, et <ainsi> une seule union de la phrase tout entière se produit dans l'ensemble : à savoir de la marche à l'homme tel, c'est-à-dire <l'homme> qui court. Mais encore, si je dis *un homme qui court est un homme qui marche*, tant dans la phrase prédiquée que dans la <phrase> sujet, une seule liaison se produit *per se*. Mais parce qu'elles <en>

28. *Compacta*, littéralement : *où toutes les parties se tiennent.*

29. *recta constructionis series*, littéralement : *le bon enchaînement de l'assemblage.*

coniunctio, hominis scilicet qui ambulat ad hominem qui currit, unum reddunt intellectum.

[§53] Cum itaque plures coniunctiones in uno intellectu ita conueniunt ut uni subseruiant omnes, et propter hoc iste habentur ut una ex eis constituatur, unum necesse est intellectum esse ad quem habendum uno mentis inpulsu continue animus tenditur.

[§54] Multiplicem uero intellectum dicimus multos intellectus ab inuicem dissolutos, ut si dicam *homo lignum* uel *rationale mortale* uel *animal* et postmodum, paululum quiescens, addam *rationale*, diuisos intellectus nec ad unam rem concipiendam conuenientes, binis dictionibus demonstro, ex una quaque scilicet dictione, re sua concepta scilicet nequaquam rei alterius alteram rem copulando, ut unum quoddam intellectus conficiat. In singulis quippe conceptionibus in se iterum animus redit, quasi in singulis motum intelligentie sue incoet ; nec ideo continue ab uno ad alterum decurrit ac per hoc unitas intelligentie tollitur et continuatio interciditur.

[§55] Hec de unitate ac multiplicitate intellectuum satis sit inpresentiarum [1] dixisse.

QVI SANI INTELLECTVS VEL [2] CASSI

[§56] Nunc ordo est, iuxta propositi nostri pretitulationem distinguere qui sani uel cassi intellectus, qui etiam ueri uel falsi dicendi [3] sint. Sanos quidem dicimus intellectus per quoscumque ita ut sese res habet attendimus, siue illi quidem sint simplices, siue compositi [4].

1. inpresentiarum] in presentiarum *CU*.
2. VEL *AU*] qui *C*.
3 ueri uel falsi dicendi *C*] ueri uel cassi intellectus falsi dicendi *U* ; cassi intellectus *cancell. A*.
4. « Sanus autem est omnis intellectus tam simplex quam compositus per quem attendimus, uti res se habent. » : P. Abælardi *Glossæ super Peri Ermenias*, éd. B. Geyer, p. 326 (30-31).

arrivent à cela – qu'à partir d'elles à nouveau, une seule liaison de la proposition tout entière se produit dans l'ensemble, à savoir : de l'homme qui marche à l'homme qui court –, elles rendent une seule intellection.

[§53] Par conséquent, quand plusieurs liaisons se rencontrent dans une seule intellection de manière telle que toutes servent à une seule, et <quand>, à cause de cela, ces liaisons-là sont traitées de façon qu'une seule soit constituée d'elles <toutes>, il est nécessaire que cette intellection, que l'esprit s'est efforcé d'obtenir de manière continue d'une seule impulsion de l'intelligence, soit une.

[§54] Mais nous appelons intellection multiple un grand nombre d'intellections détachées les unes des autres, comme par exemple si je dis *homme bois* ou *raisonnable mortel* ou *animal* et – après avoir gardé quelque peu le silence par la suite –, <si> j'ajoute *raisonnable*, je fais voir par des paires de mots des intellections séparées qui ne se rencontrent pas pour <donner à> concevoir une seule chose, chaque mot seul donnant à concevoir sa propre réalité, en n'unissant jamais la réalité de l'un à la réalité de l'autre pour que l'intellect réalise une seule chose. De fait, l'esprit revient derechef sur lui-même de concept en concept, comme s'il recommençait dans le détail le mouvement de son intelligence ; et pour cette raison, il n'aboutit pas de l'un à l'autre de façon continue, et de ce fait l'unité de l'intelligence[30] est supprimée et la continuité, morcelée.

[§55] Que ce que nous avons dit de l'unité et de la multiplicité des intellections suffise pour le moment!

LES INTELLECTIONS QUI <SONT> SAINES OU BIEN VAINES

[§56] Maintenant l'ordre consiste, conformément au titre de notre plan, à discerner les intellections qui <sont> saines ou vaines, <et celles> encore qu'on doit dire vraies ou fausses. De fait, nous disons saines les intellections par lesquelles, quelles qu'elles soient, nous visons une chose telle qu'elle est, que ces intellections soient simples ou composées.

30. Ici, au sens de *compréhension.*

[§57] Cassi uero e contrario dicuntur, tam simplices quam compositi, quos frequentius opiniones quam intellectus uocare consueuimus. Vnde Aristotiles *Opinio*, inquit, *eius non est quoniam est, sed quoniam non est* [1], et Boetius, in editione super Perhiermenias : eum qui falsum intelligit perhibet magis dicendum esse decipi quam intelligere [2].

[§58] Aristotiles tamen, tam ueras quam falsas conceptiones intellectus appellat, ubi uidelicet in eisdem Perhiermenias dicit *Est autem quemadmodum in anima aliquotiens intellectus sine uero uel falso, aliquotiens, cum iam necesse est, horum alterum inesse, etc...* [3] Et rursus *Circa compositionem enim,* inquit, *et diuisionem est ueritas uel falsitas* [4]. Sanos autem intellectus Aristotiles in eodem rerum similitudines appellat [5], hoc est ita concipientes ut rei status sese habet, ueluti cum hominem intelligo, uel etiam hominem esse risibilem, uel non esse rudibilem [6].

[§59] Singuli intellectus, quia cum statu rerum concordant, sani sunt. Cassi uero quidem e contrario sunt, ut si uidelicet intelligam chimeram que omnino non est, uel chimeram esse aliquid cum omnino nichil sit, quia enim hic intellectus chimere,

1. « Quod autem non est, quoniam opinabile est, non est uerum dicere esse aliquid ; opinatio enim eius non est quoniam est, sed quoniam non est. » : Aristote, *Periermenias*, 11 (21a31-33), translatio Boethii, éd. L. Minio-Paluello, *Aristoteles Latinus*, tome II, fascicules 1-2, p. 26 (1-3).

2. « Neque enim unquam intellexisse dicetur, qui fallitur... » : A. M. S. Boethii *Commentarii in librum Aristotelis Peri Ermenias secunda editio*, éd. C. Meiser, p. 41 (20). *Et rursus* : « ...Boethius dicit illum non intellexisse qui decipitur. » : P. Abælardi *Glossæ super Predicamenta aristotelis*, éd. B. Geyer, p. 136 (35-36). *Et rursus* : « Ad quod Boetius respondet eum qui fallitur, non intellixisse. » : P. Abælardi *Glossæ super Peri Ermenias*, éd. B. Geyer, p. 322 (1).

3. Aristote, *Periermenias*, 1 (16a10-12), translatio Boethii, éd. L. Minio-Paluello, *Aristoteles Latinus*, tome II, fascicules 1-2, p. 5 (11-13).

4. Aristote, *Periermenias*, 1 (16a13), translatio Boethii, éd. L. Minio-Paluello, *Aristoteles Latinus*, tome II, fascicules 1-2, p. 5 (14-15).

5. « ...quorum autem hæ primorum notæ, eædem omnibus passiones animæ sunt, et quorum hæ similitudines, res etiam eædem. » : Aristote, *Periermenias*, 1 (16a7-8), translatio Boethii, éd. L. Minio-Paluello, *Aristoteles Latinus*, tome II, fascicules 1-2, p. 5 (8-9).

6. rudibilem] risibilem *CU*.

[§57] Mais sont dites vaines au contraire ces intellections, tant simples que composées, que nous avons pris l'habitude d'appeler plus souvent opinions qu'intellections. Par suite, Aristote dit : « L'opinion <qu'on a> de lui n'existe pas parce qu'il existe, mais parce qu'il n'existe pas » [31], et Boèce dans son édition sur le *Perihermeneias* rapporte que, de celui qui intellige le faux, on doit davantage dire qu'il s'abuse plutôt qu'il intellige [32].

[§58] Aristote cependant appelle *intellections* les conceptions tant vraies que fausses, quand il dit dans le même *Perihermeneias* : « Mais de même qu'il est quelquefois dans l'âme une intellection sans le vrai ou le faux, de même d'autre part il est quelquefois nécessaire que l'un des deux <lui> appartienne, etc... » Et derechef : « Car la vérité ou la fausseté, dit-il, est en rapport avec la composition ou la division » [33]. Or Aristote, dans le même <ouvrage>, appelle saines intellections les représentations des choses, c'est-à-dire <ces représentations> qui conçoivent l'état de la chose tel qu'il est [34], par exemple lorsque j'intellige l'homme, ou encore que l'homme est capable de rire, ou bien qu'il n'est pas capable de braire.

[§59] Les intellections singulières [35], parce qu'elles concordent avec l'état des choses, sont saines. Mais à l'opposé certes, il y a les vaines : par exemple, si j'intellige la chimère qui n'existe pas du tout, ou que la chimère est quelque chose, alors

31. « Quant au non-être, il n'est pas vrai de dire que puisqu'il est objet d'opinion, il est : en effet, l'opinion qui porte sur lui est non pas qu'il est, mais qu'il n'est pas. » : Aristote, *De l'interprétation*, 11 (21a31-33), traduction J. Tricot, p. 120.

32. « Et on ne peut jamais dire de celui qui se trompe qu'il a compris... » : A. M. S. Boethii *Commentarii in librum Aristotelis Peri Ermenias secunda editio*, éd. C. Meiser, p. 41 (20).

33. « Et de même qu'il existe dans l'âme tantôt un concept indépendant du vrai ou du faux, et tantôt un concept à qui appartient nécessairement l'un ou l'autre, ainsi en est-il pour la parole ; car c'est dans la composition et la division que consiste le vrai et le faux. » : Aristote, *De l'interprétation*, 1 (16a9-13), traduction J. Tricot, p. 78.

34. « Les sons émis par la voix sont les symboles des états de l'âme, [...] les états de l'âme dont ces expressions sont les signes immédiats <sont> identiques chez tous, comme sont identiques aussi les choses dont ces états sont les images. » : Aristote, *De l'interprétation*, 1 (16a2-9), traduction J. Tricot, pp. 77-78.

35. Celles qui nous viennent des choses singulières.

in rerum euentu, rem subiectam non habet que uidelicet res, secundum huiusmodi intellectum, sane deliberari ualeat, ut scilicet eam rem ueraciter attendi chimeram liceat, cassus est omnino intellectus. Sic etiam intellectum huius nominis, quod est *homo*, cassum esse contingeret, si haberetur homine [1] ex toto non existente.

[§60] Veros autem uel falsos intellectus dicimus eos solummodo qui compositi sunt [2] ; tam componentes, sicut eos qui sunt affirmationis, quam diuidentes, sicut eos qui sunt negationis. Iuxta illud quidem Aristotilis, quod supra meminimus *Est autem quemadmodum in anima, etc...*, et rursus *Circa compositionem enim, etc...*

[§61] Nota quod, cum dicimus *secundum* simplicem intellectum aliquam rem uel uere uel falso deliberari, ut si aliquam rem hominem uel chimeram esse attendam, non ita esse accipiendum ut *per* simplicem intellectum id faciamus, ita scilicet ut ipse simplex intellectus aliquid esse aliquid con/cipiat, (f. 66v) hoc est ad hoc intelligendum sufficiat quod nequaquam est, nisi componentis intellectus qui per affirmationem exprimendus est, non per simplicem dictionem.

[§62] Est itaque aliud secundum intellectum aliquem deliberari aliquid, aliud per intellectum deliberari aliquid, hoc est ipsum sufficere ad attendendam quamcumque rerum [3] coniunctionem uel diuisionem, ut ex hoc deliberatio ipse dicendus sit. Ille quippe intellectus, secundum quem deliberatur aliquid, pars est deliberantis intellectus in qua uis totius deliberationis consistit, ut sunt intellectus predicatorum terminorum, ueluti cum hominem esse animal, et margaritam esse lapidem siue albam proponimus.

1. homine] de homine *CU*.
2. « Verus enim uel falsus esse non potest intellectus, nisi sit compositus... » : P. Abælardi *Glossæ super Peri Ermenias*, éd. B. Geyer, p. 326 (38-39).
3. rerum] eorum *CU*.

qu'elle n'est rien du tout, – parce qu'en effet cette intellection d'une chimère est, dans les faits, sans sujet dont la réalité, conformément à une intellection de ce genre, pourrait être délibérée sainement de sorte qu'il serait permis de viser cette chose-ci comme une chimère avec véracité –, cette intellection est absolument vaine. De même encore, il pourrait arriver que l'intellection du nom *homme* soit vaine, s'il se trouvait qu'il n'en existe plus aucun.

[§60] Nous disons vraies ou fausses ces intellections seulement qui sont composées [36], tant celles qui composent – comme les intellections de l'affirmation –, que celles qui divisent – comme les intellections de la négation –, conformément certes à <ces passages> d'Aristote que nous avons cités précédemment : « Mais de même qu'il est dans l'âme etc... » Et derechef : « Car [...] en rapport avec la composition etc... »

[§61] Remarquez que, lorsque nous disons qu'une chose est délibérée avec vérité ou fausseté *conformément à* l'intellection simple – par exemple si je vise quelque chose comme l'homme ou la chimère –, on ne doit pas interpréter là que nous faisons cela *au moyen d* 'une intellection simple, comme l'intellection simple conçoit que quelque chose est quelque chose, c'est-à-dire <de la manière dont> elle suffit à intelliger ce qui n'existe pas du tout, si ce n'est <comme objet> d'une intellection composante qu'il faut exprimer par une affirmation, et non par un seul mot.

[§62] Par conséquent, c'est une chose que de délibérer de quelque chose conformément à quelque intellection, c'en est une autre que de délibérer de quelque chose au moyen d'une intellection, c'est-à-dire que l'<intellection> même suffise à viser n'importe quelle liaison ou division de choses, pour qu'elle-même soit appelée délibération. De fait, l'intellection selon laquelle on délibère de quelque chose est une partie de l'intellection délibérante – dans laquelle <partie> se fonde la force de la délibération tout entière –, comme <le> sont les intellections des termes prédicats, par exemple lorsque nous avançons qu'un homme est un animal et qu'une perle est une pierre, ou bien <est> blanche.

36. C'est-à-dire mises ensembles pour fin de comparaison.

[§63] Subiectus quippe terminus tantum ad accipiendum est rem [1] quam deliberare uolumus ; ponitur predicatus uero ad denotandum statum secundum quem eam deliberari uolumus, hoc est attendi eam secundum illius status proprietatem quem ei copulamus. Vnde bene secundum intelligentie quoque, non tantum constructionis ordinem, subiectum dicimus terminum per quem, in [2] intellectu primo, res substernitur [3] quam deinde, in copulatione uel remotione alicuius, deliberemus. Que quidem copulatio uel remotio, coniunctio uel disiunctio, predicato [4] perficitur, in qua scilicet coniunctione uel remotione predicati de re subiecta id quod de ipsa demonstrare intendimus dicimus.

[§64] Vnde cum dicimus *Socrates currit* uel *Socrates non currit*, si quis de quo loquamur [5] querat, respondemus *de Socrate* ; et si quid de ipso dicamus interroget, respondemus *currere ipsum* uel *non currere,* quod scilicet ad copulationem uel [6] remotionem predicati pertinet. Vnde et bene Aristotiles pro *predicari, dici* utitur [7], ut uidelicet predicatum de subiecto dici astruat, non subiectum de predicato, et sit predicatum quod dicitur, et subiectum de quo dicitur. Illud quippe dicitur, siue significatur, de aliquo per quod appositum de ipso aliquid monstratur. Vnde et significari predicatum dicit, cum ait in secundo Perhiermenias *significans aliquid de aliquo,* hoc est predicando essentiam [8], et in eodem, ipsas predicatorum coniunctiones uel remotiones uocat *appositiones* [9]. Sicut autem in eo quod

1. ad accipiendum est rem *scr.*] ad accipiendam rem *CU* ; ad accipiend est rem *A*.
2. in] *om. CU.*
3. substernitur] substituitur *CU.*
4. predicato *AC*] predicatio *U.*
5. loquamur *AC*] loquamus *U.*
6. uel *AU*] uel ad *C.*
7. « Eorum quæ sunt alia de subjecto quodam dicuntur… » : Aristote, *Categoriæ*, 1 (1a20), translatio Boethii, éd. L. Minio-Paluello, *Aristoteles Latinus*, tome I, fascicules 1-5, p. 5 (22).
8. « Est autem simplex enuntiatio uox significatiua de eo quod est aliquid uel non est,… » : Aristote, *Periermenias*, 5 (17a24-25), translatio Boethii, éd. L. Minio-Paluello, *Aristoteles Latinus*, tome II, fascicules 1-2, p. 9 (8-9).
9. « Fiunt enim quemadmodum in illis 'esse' et 'non esse' adpositiones, […], 'posse' uero et 'contingere' adpositiones determinantes… » : Aristote,

[§63] En fait, le terme sujet existe seulement pour recevoir la chose dont nous voulons délibérer ; mais le prédicat est posé pour désigner l'état conformément auquel nous voulons délibérer de cette chose, c'est-à-dire <que nous voulons> la viser conformément à une propriété de cet état auquel nous la lions. Par suite, c'est bien selon <l'ordre> de l'intelligence aussi – non seulement selon <celui> de la syntaxe –, que nous appelons sujet le terme par lequel – dans l'intellection d'abord –, on subordonne une chose dont ensuite – dans la liaison ou la mise à l'écart d'autre chose –, nous délibérons. Et en effet cette union ou cette mise à l'écart, cette liaison ou cette disjonction est achevée par le prédicat, dans laquelle liaison ou mise à l'écart du prédicat nous disons à propos de la chose sujet ce que nous nous proposons de montrer d'elle.

[§64] D'où, quand nous disons *Socrate court* ou *Socrate ne court pas*, si quelqu'un demande de qui nous parlons, nous répondons *de Socrate*, et s'il demande qu'est-ce que nous disons de lui, nous répondons qu'*il court* ou bien qu'*il ne court pas*, ce qui naturellement revient à l'union ou à la mise à l'écart du prédicat. Par suite aussi, Aristote utilise bien *être dit* pour *être prédiqué* [37], pour prouver évidemment que le prédicat est dit du sujet – non le sujet, du prédicat –, et <qu'>est prédicat ce qui est dit, et sujet, ce de quoi on <le> dit. En effet, est dit, ou est signifié prédicat d'une chose ce par quoi on fait connaître quelque chose comme ajoutée à cette chose même. Par suite aussi, il dit que le prédicat est signifié, quand il dit dans le deuxième <livre> du *Perihermeneias* : « *qui signifie quelque chose de quelque chose* », c'est-à-dire qui <en> prédique l'essence [38], et dans le même <ouvrage>, il appelle *appositions* [39] les liaisons mêmes ou les mises à l'écart des prédicats. Or de même que la force de

37. « Parmi les êtres, certains **se disent** d'un sujet… » : Aristote, *Les Attributions (Catégories)…*, 2 (1a20), traduction Y. Pelletier, p. 24.

38. « La proposition simple est une émission de voix possédant une signification concernant la présence ou l'absence d'un attribut dans un sujet,… » : Aristote, *De l'interprétation*, 5 (17a22-24), traduction J. Tricot, p. 86.

39. « …les verbes *est* et *n'est pas* étaient ajoutés (= apposés) […] et les expressions *il est possible* et *il est contingent* sont ajoutées et déterminent… » : Aristote, *De l'interprétation*, 12 (21b28-32), traduction J. Tricot, p. 124.

dicitur uis enuntiationis consistit, in quo ipsa consummatur atque perficitur, ita in intellectu termini qui dicitur, hoc est predicatur, uis deliberantis intelligentie constituitur.

[§65] Omnis itaque intellectus siue simplex, ut *homo,* siue compositus, ut *homo albus*, secundum quem res aliqua uere deliberari potest, sanus est, etiam si quadam significari uoce possit que de nullo uere enuntiari queat, ut sunt diuidua nomina, sicuti *quisque, omnis, uterque.* Tantumdem quippe ualet in intellectu *quisque* uel *omnis* simpliciter dicta quantum si dicatur *multitudo omnium rerum.* Et *uterque* quantum *isti duo* uel *illi duo.* Cum itaque *multitudinem* [1] *omnium rerum* attendimus esse multitudinem omnium rerum, fit deliberatio secundum intellectum horum nominum *quisque* uel *omnis.* Et cum attendimus *istos duos* esse istos duos, secundum intellectum huius nominis relatiui, quod est *uterque.* Licet enim hec nomina que diuidua sunt, in constructione cum illis uocibus que diuidue non sunt, sed magis collectiue, eosdem habent [2] intellectus, non tamen idem in enuntiatione ualent, cum hec nomina de aliquo predicata diuisim, hoc est sigillatim, omnes res quas continent copulent. Vnde diuidua dicuntur ; illa uero coniunctim, id est omnia simul, non singula per se.

[§66] Similiter et subiecta eamdem uim in subiectione custodiunt quam habent in predicatione. Vt uidelicet, per ista que diuidua sunt, singule res predicato supponantur ; per illa uero, omnes simul ; licet hec sit predicationis diuisorum et subiectionis differentia, quod, per positionem copulata, falsam semper enuntiationem reddunt [3], ueluti si dicam *uterque est uterque,* uel *omne est omne,* hoc est *unaqueque res est unaqueque.*

Periermenias, 12 (21b27-31), translatio Boethii, éd. L. Minio-Paluello, *Aristoteles Latinus*, tome II, fascicules 1-2, p. 28 (1-5).

1. multitudinem *AC*] multitudo *U*.
2. habent] habeant *CU*.
3. reddunt] reddit *CU*.

l'énonciation consiste en ce qui est dit – ce en quoi elle est achevée et même est accomplie –, de même la force de l'intelligence délibérante est établie dans l'intellection du terme qui est dit, c'est-à-dire <qui> est prédiqué.

[§65] Par conséquent, toute intellection selon laquelle une chose peut être délibérée avec vérité – qu'elle soit simple, comme *l'homme*, ou composée, comme *l'homme blanc* –, est saine, même si elle peut être signifiée par un son vocal particulier qui ne peut être énoncé de rien avec vérité, comme les noms partitifs : par exemple *chaque, tout, l'un et l'autre*. De fait, les mots *chaque* ou *tout* <pris> séparément valent juste autant dans l'intellection que si on dit *la multitude de toutes les choses*, et *l'un et l'autre* <vaut juste autant> que *ces deux-ci* ou *ces deux-là*. Par conséquent, quand nous visons que *la multitude des choses* est la multitude des choses, la délibération se fait selon l'intellection de ces noms *chaque* ou *tout*. Et quand nous visons que *ces deux-ci* sont ces deux-ci, <la délibération se fait> selon l'intellection de ce nom relatif, qui est *l'un et l'autre*. Car bien que ces noms qui sont partitifs en construction syntaxique avec ces sons vocaux qui ne sont pas partitifs – mais plutôt collectifs –, occasionnent les mêmes intellections, ils n'ont cependant pas la même valeur dans une énonciation, puisque ces noms prédiqués de quelque chose unissent toutes les choses qu'ils contiennent en <les> séparant, c'est-à-dire individuellement. D'où on <les> dit partitifs ; mais les collectifs <lient> conjointement, c'est-à-dire toutes les choses en même temps, non pas une à une isolément.

[§66] Semblablement aussi, les <mots> sujets gardent dans la sujétion le même sens qu'ils ont dans l'acte prédicatif. De sorte qu'évidemment, par ces <noms> qui sont partitifs, les choses sont subordonnées une à une par le prédicat ; mais par les collectifs, toutes <sont subordonnées> en même temps ; bien qu'il y ait cette différence entre l'acte prédicatif des choses divisées <par les noms partitifs> et <leur> sujétion, que, liées par la copule [40] de position <sujet> en position <prédicat>, elles rendent toujours une énonciation fausse : par exemple si je dis *l'un et l'autre est*

40. *copulata,* littéralement : *copulées.*

[§67] Vere autem subici non recusant, ueluti cum dicimus *uterque est homo* uel *unumquodque est aliquid*; eedem etiam fortasse in intelligentia uoces sunt, si dicatur *homo et equus* et dicatur *homo uel equus*. Nichil quippe ad intelligentiam referre uidentur [1], sed ad constructionem. Nam eque hic et ibi hominem et equum duo hec mente concipio. Sed in constructione, uoces iste aliis sociate longe diuersum efficiunt sensum. Non est itaque necesse ut eedem sint penitus uoces in significatione, idem penitus in contextu constructionis ualeant, de quo plenius in constructionibus prosequimur.

[§68] Differt autem ab inuicem diuidens, et disiungens, et abstrahens intellectus, quod diuidens intellectus negationis est, et aliquid ab aliquo remouet; ueluti si intelligam *hominem non esse equum*, uel *sanum non esse egrum*, uel *stantem non sedere*. Disiungens uero affirmationis, nec remotionem aliquam alicuius ab aliquo facit, sed ex pluribus que mente concipit, unum tantum constituit, ut si *aliquid esse hominem uel equum* intelligam, uel *esse sanum aut egrum*, uel *aut stare aut sedere*; ac similiter, quicumque sunt ypotheticarum disiunctarum intellectus, disiungentes dicuntur. Quod quidem uis ipsa disiunctiuarum coniunctionum [2] facit.

1. uidentur *AU*] uidetur *C*.
2. coniunctionum *AC*] coniunctionem *U*.

l'un et l'autre, ou *toute chose est toute chose*, c'est-à-dire *chaque chose séparément est chaque chose séparément.*

[§67] Mais elles ne refusent pas d'être assujetties avec vérité, par exemple quand nous disons *l'un et l'autre est un homme*, ou *chaque chose est quelque chose* ; il se pourrait encore que les mêmes sons vocaux dépendent de l'intelligence, si on dit *homme et cheval*, et on dit *homme ou cheval.* De fait, ils paraissent ne ramener en rien à l'intelligence, mais à la construction syntaxique. Car dans mon esprit, je conçois également, ici et là [41], ces deux choses : un homme et un cheval. Mais dans une construction syntaxique, ces sons vocaux unis par d'autres produisent un sens nettement différent. Il n'est pas nécessaire, par conséquent, que les sons vocaux soient tout à fait les mêmes en signification, pourvu qu'ils vaillent tout à fait la même chose dans le contexte d'une construction syntaxique ; ce dont nous traitons plus abondamment dans les constructions syntaxiques [42].

[§68] Quant à l'intellection qui divise, et <celle> qui disjoint, et <celle> qui abstrait, <elles> sont différentes les unes des autres, parce que l'<intellection> qui divise est l'intellection d'une négation, et elle écarte quelque chose de quelque chose : comme par exemple si j'intellige qu'*un homme n'est pas un cheval*, ou que *le bien portant n'est pas malade*, ou que *celui qui est debout n'est pas assis.* Mais celle qui disjoint <est l'intellection> d'une affirmation, et ne crée pas d'écart entre une chose et une autre, mais de plusieurs choses qu'elle conçoit dans l'esprit, elle ne constitue qu'une seule <intellection> [43], comme si j'intellige que *quelque chose est un homme ou un cheval*, ou *il est bien portant ou malade*, ou *il est debout ou assis* ; et de la même manière, toutes les intellections des hypothétiques disjointes [44] sont appelées <intellections> qui disjoignent. Et certes, le sens même des liaisons disjonctives crée cela.

41. Ici, quand je dis *un homme et un cheval* ; là, quand je dis *un homme ou un cheval.*

42. Nos attentes sur ce point précis ne seront pas comblées.

43. L'auteur considère une intellection de cette espèce comme une, puisqu'elle discute de la nature d'une chose, ou d'une quelconque propriété de cette nature.

44. À ce sujet, voir l'analyse qu'en a fait J. Jolivet dans *Abélard ou la philosophie dans le langage*, Paris, Seghers, 1969, pp. 85-86.

[§69] Illud quoque inquiri ac definiri necessarium iudico utrum omnis intellectus, aliter quam res sese habeat attendens, cassus ac uanus dicendus sit ? Et rursum, utrum omnis, qui rem aliquam ut se ipsa habet concipit, sanus sit iudicandus ?

[§70] Si enim sic esse ponamus quod equidem ponendum uidetur, nonnulla fortassis ibi curremus [1] inconuenientia. Omnis quippe per abstractionem habitus intellectus rem aliquomodo aliter quam se habet concipit ; et si alio modo eam ut se habet attendit, et uix aliquis intellectus de re sensui non subiacente habetur, qui eam in aliquo aliter quam subsistat non concipiat ? Per abstractionem autem illos dicimus intellectus qui, uel naturam alicuius forme, absque respectu subiecte materie, in se ipsa speculantur [2], uel naturam (f. 67r) quamlibet indifferenter, absque suorum scilicet indiuiduorum discretione, meditantur [3].

[§71] Verbi gratia cum colorem corporis uel scientiam anime in proprio esse suo attendo, in eo scilicet quod color est, uel scientia, seu qualitas, uel [4] in quocumque alio esse suo substantiarum subiectarum respectu composito [5], tunc equidem [6] ui rationis [7], formas a subiectis substantiis quodammodo abstraho, eas uidelicet solas in propriis naturis per se speculando, non cum ipsis subiecta earum attendendo. Sed cum naturam humanam, que singulis inest hominibus, ita indifferenter considero ut nullius hominis personalem discretionem attendam, hoc est simpliciter hominem excogito in eo scilicet tantum quod homo est, id est *animal rationale mortale*, non etiam in eo quod est hic homo uel ille, uniuersale a subiectis abstrao [8] indiuiduis.

1. ibi curremus] incurremus *CU*.
2. speculantur *scr. cum CU*] speculatur *A*.
3. « …non est idem intellectus diuidens quod abstrahens. Nam diuidens dicitur, qui plura sic attendit, ut alterum ab altero separet, sicut facit intellectus negationis. Abstrahens uero dicitur, qui unum sic attendit, quod alterum non capit. Ille utrumque accipit uel attendit, sed ab inuicem diuidit, iste alterum tantum accipit nec ullo modo alterum attendit. » : P. Abælardi *Glossæ super Peri Ermenias*, éd. B. Geyer, p. 331 (6-11).
4. uel] *om. C*.
5. composito] proposito *CU pA*.
6. tunc equidem] *om. C*.
7. ui rationis *AU*] in rationis (?) *C*.
8. abstrao] abstraho *CU*.

[§69] Je pense qu'il est indispensable que cela aussi soit examiné et réglé : est-ce que toute intellection qui vise une chose autrement qu'elle est doit être dite vaine ou trompeuse ? Et en revanche, est-ce qu'on doit juger saine toute <intellection> qui conçoit une chose comme elle est ?

[§70] Car si nous posons en principe qu'il en est ainsi – ce qui sans doute semble devoir être posé –, nous courrons peut-être là <au-devant de> quelques incohérences. De fait, toute intellection obtenue par abstraction conçoit, d'une certaine manière, une chose autrement qu'elle est ; et si, d'une autre façon, elle la vise comme elle est, et <si> on obtient difficilement une intellection quelconque d'une chose qui n'est pas soumise à la sensation, qui ne la conçoit pas dans quelque <autre> chose autrement qu'elle subsiste ? Or nous appelons *par abstraction* ces intellections qui, ou bien se représentent mentalement une forme en elle-même – sans considération de la matière assujettie –, ou bien méditent sur n'importe quelle nature indifféremment, à savoir : sans distinguer les individus <qui la concrétisent>.

[§71] Par exemple, quand je vise la couleur d'un corps ou la connaissance d'une âme en son être propre – à savoir : en ce qu'elle est couleur, ou connaissance, ou qualité, ou en n'importe quel autre être qui lui est composé en vertu des substances sujets –, alors sans doute par la puissance de la raison, j'abstrais d'une certaine façon les formes à partir des substances sujets, en me les représentant mentalement seules, par soi, dans leurs natures propres, non pas en visant leurs sujets avec elles. Mais quand je considère sans distinction la nature humaine – qui appartient aux hommes singuliers [45] –, de façon telle que je ne vise la distinction personnelle d'aucun homme, c'est-à-dire que je réfléchis l'homme simplement – à savoir : en cela seulement qu'il est homme, c'est-à-dire *un animal raisonnable mortel*, non encore en cela qu'il est cet homme-ci ou celui-là –, j'abstrais l'universel à partir de sujets indivisibles.

45. C'est-à-dire pris un à un, individuels.

[§72] Fit [1] itaque abstractio superiorum ab inferioribus, siue scilicet uniuersalium ab indiuiduis per predicationem subiectis, siue formarum a materiis per fundationem subiectis.

[§73] Subtractio [2] uero e contrario dici potest, si quis [3] uidelicet subiecta superpositis [4] substracta per intelligentiam tollat, ac per se hec [5] quoque sine illis conspiciat ; ueluti cum aliquis subiecte naturam essentie, absque omni forma, nititur speculari.

[§74] Vterque autem intellectus, tam abstrahens scilicet quam substrahens, aliter quam res se habet concipere uidetur, cum uidelicet utroque [6] res coniunctas diuisim intelligo, que diuisim non subsistunt ; modo uidelicet solam materiam per se, modo solam attendendo formam [7] ; preterea nemo, cum aliquam rem attendit, eam excogitare sufficit secundum omnes naturas eius aut proprietates, sed secundum aliquas tantum. Cum itaque rem quamlibet secundum aliquas tantum naturas eius uel proprietates attendimus, ipsa autem res non secundum eas tantum quas consideramus sese habet profecto aliter quam ipsa sit eam consideramus.

[§75] Verbi gratia hoc corpus et corpus est, et homo, et calens, et candidum, et innumeris aliis naturis uel proprietatibus subiectum ; et aliquando tamen ipsum in eo tantum quod corpus est attendo, non in eo quod homo est, uel quod calet, uel quod albet [8] ; et sic in singulis rebus quas intellectus noster percipit, aliquam [9] tantum que illis rebus insunt, non omnia, attendit. Preterea, cum quislibet corpoream [10] naturam simpliciter ac pure concipit, in eo scilicet tantum attendens quod est corporea, id est corpus, aut quamlibet naturam ut uniuersalem capit, hoc est

1. Fit] Sit *CU*.
2. Subtractio *AC*] Substractio *U*.
3. quis] *om. C*.
4. superpositis] suppositis *CU*.
5. hec] hoc *CU*.
6. utroque] utrasque *U* ; non utrasque *C*.
7. « ...animi tamen ratio hanc uim habet, ut modo materiam per se speculetur, modo formam solam attendat, modo utraque permixta concipiat. » : P. Abælardi *Glossæ super Porphyrium*, éd. B. Geyer, p. 25 (2-4).
8. albet] albescit *CU*.
9. aliquam] aliqua *C* ; aliqua[m] *U*.
10. corpoream] corpus eam *CU*.

[§72] Par conséquent, l'abstraction des choses supérieures se fait à partir des inférieures [46], à savoir : soit <l'abstraction> des universaux à partir de sujets indivisibles au moyen de l'acte prédicatif, soit <l'abstraction> des formes à partir des matières assujetties au moyen de <leurs> éléments.

[§73] À l'opposé, on peut appeler <cela> soustraction, si quelqu'un écarte par son intelligence les sujets soustraits aux choses posées au-dessus, et les regarde isolément aussi, sans celles-là ; par exemple, quand quelqu'un s'efforce de se représenter mentalement la nature d'une essence assujettie, sans quelque forme que ce soit.

[§74] Or l'une et l'autre intellection – à savoir : tant <celle> qui abstrait que <celle> qui soustrait –, paraît concevoir la chose autrement qu'elle est, quand visiblement par l'une ou par l'autre, j'intellige séparément des choses unies qui ne subsistent pas séparément, tantôt en visant la matière seule, isolément, tantôt la forme seulement. En outre, personne – en visant quelque chose –, ne peut la réfléchir selon toutes ses natures ou toutes ses propriétés, mais selon quelques-unes seulement. Par conséquent, quand nous visons n'importe quelle chose selon seulement quelques-unes de ses natures ou propriétés, mais que la chose même n'est pas seulement selon celles que nous considérons, nous la voyons assurément autrement qu'elle est.

[§75] Par exemple, ce corps est et un corps, et un homme, et chaud, et blanc, et sujet d'innombrables autres natures ou propriétés ; et cependant parfois je le vise en cela seulement qu'il est un corps, non pas en cela qu'il est un homme, ou qu'il est chaud, ou qu'il est blanc ; et ainsi, dans les choses individuelles que notre intellect perçoit, il vise seulement une partie <des natures ou propriétés> qui habitent ces choses <individuelles>, non pas toutes. En outre, quand quelqu'un conçoit purement et simplement une nature corporelle – qu'il <la> vise en cela seulement qu'elle est corporelle, c'est-à-dire un corps –, ou qu'il choisit n'importe quelle nature comme universelle, c'est-à-dire qu'il la vise indifféremment, à savoir sans aucune distinction personnelle,

46. Supérieures dans le sens de *au-dessus*. Inférieures dans le sens de *en-dessous*.

indifferenter absque ulla scilicet personali discretione [1] eam attendit profecto aliter eam intelligit quam subsistat. Nusquam enim ita pure subsistit, sicut pure concipitur ; sed ubicumque sit, innumeras, ut dictum est, aut naturas aut proprietates habet que minime attenduntur ; et nulla est natura que indifferenter subsistat, sed quelibet res, ubicumque est, personaliter discreta est atque una numero reperitur.

[§76] Corporea quippe substantia in hoc corpore, quid est aliud quam hoc corpus ?...uel humana natura in hoc homine, hoc est in Socrate, quid aliud est quam ipse ? Nichil utique aliud, sed idem penitus essentialiter [2].

[§77] Quis etiam res absentes uel insensibiles atque incorporeas quas nullo attractat sensu, ut qualiter sese habeant cognoscere queat [3], longe aliter quam sint non excogitet ? Quis enim, cum aliquam conspexerit presentem quam prius absentem cogitauerat, non reperiat eam in multis contrario modo sese habuisse quam eam quam excogitauerat [4] ? Quis etiam res incorporeas ad modum corporearum non concipiat, ueluti cum Deum aut animam [5] cogitat, non eam iuxta formam habitumque aliquem corporis attendat, quem tamen minime ipsam habere constat ? Quis non ipsos spiritus tamquam localiter circumscriptos ac membris compositos atque coloratos attendat, aliisque innumerabilibus modis, quibus sola corpora sese habent, ipsos excogitet ? Quippe, ut longe suprameminimus, tota humana notitia a sensibus surgit. Ac per hoc, insensibilium rerum status ad modum sensibilium excogitare, ipsa nos sensuum experimenta compellunt. Si itaque, quotiens animus rem quamlibet aliter intelligit quam subsistit, uanus dicendus sit intellectus, quis intellectus humanus, iuxta rationes expositas, uanus dicendus non est ?

1. personali discretione *AC*] personalem discretionem *U*.

2. « Sed quid est in re esse, nisi res ipsæ? » : P. Abælardi *Glossæ super Peri Ermenias*, éd. B. Geyer, p. 368 (22).

3. queat *AC*] queant *U*.

4. « Cogitantes enim de aliqua ciuitate non uisa, cum aduenerimus, eam nos aliter quam sit excogitasse inuenimus. » : P. Abælardi *Glossæ super Porphyrium*, éd. B. Geyer, p. 23 (16-17).

5. animam] animum *CU*.

il l'intellige certainement autrement qu'elle subsiste. En effet, comme elle ne subsiste purement nulle part, ainsi elle <n'>est <jamais> purement conçue ; mais où qu'elle soit, elle possède, comme on <l'>a dit, d'innombrables natures ou propriétés qui ne sont pas du tout visées ; il n'y a aussi aucune nature qui subsiste indifféremment, mais n'importe quelle chose, où qu'elle soit, est personnellement distincte et même on la trouve numériquement une.

[§76] De fait, la substance corporelle dans ce corps, qu'est-elle d'autre que ce corps ?...ou la nature humaine dans cet homme, c'est-à-dire dans Socrate, qu'est-elle d'autre que lui-même ? Absolument rien d'autre, mais tout à fait la même chose essentiellement.

[§77] Qui encore ne réfléchit pas bien autrement qu'elles sont les choses absentes, ou insensibles[47], et même incorporelles, qu'il n'atteint par aucun sens, en cherchant à connaître comment elles se trouvent en elles-mêmes ? Qui en effet, après avoir regardé une chose présente qu'il s'était représentée auparavant lorsqu'elle était absente, ne la trouve pas être en de multiples points différente de celle qu'il avait réfléchie ? Qui encore ne conçoit pas les choses incorporelles à la manière des choses corporelles, par exemple lorsqu'il se représente Dieu ou l'âme, <qui> ne les vise pas selon la forme et l'aspect d'un corps, qu'il est pourtant évident qu'elles ne possèdent pas du tout ? Qui ne vise pas les esprits mêmes comme circonscrits dans un lieu, et composés de membres, et même colorés, et <qui ne> les réfléchit <pas> d'innombrables autres manières qui n'appartiennent qu'aux corps ? De fait, comme nous le rappelons souvent, toute connaissance humaine vient des sensations. Et par là, les expériences mêmes des sens nous forcent à réfléchir les états des choses insensibles à la manière des sensibles. Par conséquent, si, toutes les fois que l'esprit intellige une chose autrement qu'elle subsiste, l'intellection doit être dite vaine, quelle intellection humaine – pour les raisons exposées – ne doit pas être dite vaine ?

47. Qui ne tombent pas sous les sens.

[§78] Nunc autem aliam propositi nostri prosequamur [1] partem utrum uidelicet omnis intellectus sanus sit dicendus qui, ita ut sese res habet, eam intelligit? Quod, cum facile ab omnibus recipiatur, habet tamen etiam [2] hoc nonnullam inpugnationem.

[§79] Quippe qui hunc hominem asinum esse intelligit, quod omnino falsum est, non quid [3], in eo ipso quod hoc intelligit, intelligit et ipsum esse animal, et quoddam animal esse asinum, que utraque uera sunt? Si enim, iuxta aristotilicam sententiam secundi libri Perhiermenias [4], eum qui opinatur, hoc est intelligit, bonum esse bonum, necesse id ipsum opinari non esse malum, multo itaque probabilius qui intelligit hunc hominem esse asinum, hoc est esse animal tale, concedendus [5] est intelligere *esse animal*, cum in asino necesse sit animalis [6] substantiam intelligi, sicut etiam uis ipsa nominis specialis quod est *asinus* profitetur, in quo generale ipsum, quod est animal, necesse est per intelligentiam contineri. At [7] non ita in uno contrario necesse est alterius contrarii intelligentiam concipi [8]. Ac per hoc, profecto qui intelligit hunc hominem esse asinum, uerum intelligere conuincitur. Vnde et hunc falsum intellectum, qui ut sese res habet concipit, uerum concedi conuenit. At rursus, quis non abhorreat ueritatem et falsitatem, contrarias formas intellectuum, eidem simul inesse intellectui, uel ab eadem anima, que indiuisibilis est, simul sustentari?

1. prosequamur] persequamur *CU*.
2. etiam] et *CU*.
3. quid] quidem *CU*.
4. « Amplius similiter se habet boni quoniam bonum est et non boni quoniam non bonum est,... » : Aristote, *Periermenias*, 14 (23b33-34), translatio Boethii, éd. L. Minio-Paluello, *Aristoteles Latinus*, tome II, fascicules 1-2, p. 36 (13-14).
5. concedendus *AC*] concedendum *U*.
6. animalis] animal *CU*.
7. At *AC*] Ac *U*.
8. « Contrariorum alia sunt habentia medium, alia uero sunt non habentia. Et illorum quæ habent, si quis unum contrarium neget, non necesse est per illam negationem illud aliud contrarium intelligere. » : A. M. S. Boethii *Commentarii in librum Aristotelis Peri Ermenias prima editio*, recensuit C. Meiser, pars prior, Lipsiæ, 1877 (reprint New-York & London, Garland Publishing Inc., 1987), p. 209 (20-23).

[§78] Mais maintenant, poursuivons <avec> l'autre partie de notre plan, à savoir : est-ce que toute intellection qui intellige une chose comme elle est, doit être dite saine ? Ce qui, bien qu'aisément reçu par tous, prête cependant encore ici le flanc à quelque attaque.

[§79] De fait celui qui intellige que cet homme est un âne – ce qui est tout à fait faux –, n'intellige-t-il pas, en cela même qu'il intellige ce <nom d'âne>, que cet homme est un animal, et qu'un certain animal est un âne, lesquelles choses sont l'une et l'autre des vérités ? Car puisqu'il est inévitable, selon la thèse aristotélicienne du second livre du *Perihermeneias* [48], que celui qui croit – c'est-à-dire intellige – que le bon est bon, croie cela même que le bon n'est pas mauvais, alors beaucoup plus vraisemblablement celui qui intellige que cet homme est un âne – c'est-à-dire un animal de cette espèce – doit admettre d'intelliger *être animal*, puisqu'il est nécessaire – dans l'âne – qu'on intellige la substance d'un animal, comme l'exprime encore le sens même de ce mot particulier d'*âne*, dans lequel le <terme> générique même, qui est *animal*, a nécessairement été enfermé par l'intelligence. Et puis, dans un contraire, ce n'est pas nécessaire que l'intelligence de l'autre contraire soit conçue [49]. Or par là, celui qui intellige que cet homme est un âne est assurément convaincu d'intelliger le vrai. Par suite aussi, il convient de concéder comme vraie cette fausse intellection, qui conçoit la chose comme elle est. Et derechef, qui ne serait pas réfractaire à ce que la vérité et la fausseté – formes contraires d'intellections – habitent en même temps le même intellect, ou soient soutenues en même temps par la même âme, qui est indivisible ?

48. Cf. Aristote, *De l'interprétation*, 14, sur la contrariété des propositions.

49. « Certains contraires ont un milieu, mais d'autres n'en ont pas. Et de ceux qui en ont, si quelqu'un nie l'un des contraires, il n'est pas nécessaire par cette négation d'intelliger l'autre contraire. » : A. M. S. Boethii *Commentarii in librum Aristotelis Peri Ermenias prima editio*, éd. C. Meiser, p. 209 (20-23).

[§80] Nunc itaque suprapositas soluamus questiones, atque inpugnationes ipsas, que ueritatem perturbare uidentur, inpugnemus.

[§81] Quod igitur primo quesitum est, *utrum omnis intellectus aliter* (f. 67v) *quam res sese habeat*[1] *attendens eam uanus sit,* duobus modis intelligi potest. Nam et cum dico *intelligo istam rem aliter quam sit,* duo sunt sensus. Vnus quidem huiusmodi si ita dicam quod alius modus sit intelligendo[2] rem, alius in subsistendo, hoc est alius modus sit in intelligentia eius, alius in subsistentia ipsius. Veluti si diuisim attendam esse, cum ipsa tamen diuisim non subsistat, hoc est sine aliquo sine quo ipsa non permanet, uel si pure, uel si quis alius modus sit intelligentie mee quam existentie[3] rei ; et hic est unus sensus, cum dicitur *intelligo istam rem aliter quam sit, uel quam sese habeat.* Alius uero sensus est[4], si ita dicam *intelligo hanc rem aliter quam sit,* hoc est in statu alio eam attendo quam ipsa in se habeat, uel quocumque modo sese aliter habentem quam sese habeat. Et in primo quidem sensu, hoc aduerbium *aliter* ad hoc uerbum *intelligo* tamquam modus ipsius copulatur ; in secundo uero sensu, ad participium uel infinitiuum uerbi sequentis, quod[5] ex ipso uerbo suo subaudiendum innuitur, ac si ita dicatur *intelligo rem aliter entem* uel *aliter esse quam ipsa sit,* uel *aliter se habentem* uel *se habere quam se habeat.* Sic itaque[6] questio supraposita potest intelligi, cum uidelicet querebatur *utrum omnis intellectus, aliter quam res sese habeat attendens eam, uanus sit* ? Et secundum diuersos sensus, diuerse dande sunt responsiones[7].

1. habeat] habet *CU.*
2. intelligendo] in intelligendo *CU.*
3. existentie *AC*] existentis *U.*
4. est] *om. CU.*
5. quod *AC*] quo *U.*
6. itaque] utique *CU.*
7. « Hanc uero partem quam probat, intellectus generum et specierum cassos esse, determinauit utpote sophisticam, cum argumentationis prima propositio sit uera et falsa. Vera est ita : *Omnis intellectus habitus de re aliter, quam res se habet, idest qui concipit rem aliter quam sit, cassus est et uanus.* Et in hoc sensu falsa est assumptio, cum intellectus generum et specierum non concipiant res aliter quam sunt. Falsa est eadem propositio ita : *Omnis intellectus, habitus de re etc..., idest omnis intellectus, qui habet alium modum in concipiendo quam res se habet in existendo, cassus est.* In hoc sensu uera est

[§80] Maintenant, résolvons les questions ci-dessus posées, et ripostons à ces assauts qui semblent troubler la vérité!

[§81] Donc, ce qui d'abord a été mis en question : *est-ce que toute intellection visant une chose autrement qu'elle est, est vaine* ? peut être compris de deux façons. De fait aussi, il y a deux sens quand je dis : *j'intellige cette chose autrement qu'elle est.* Un premier sens de cette façon certes, si par là je veux dire que nous avons une façon d'intelliger la chose, <et> qu'<elle en a> une autre de subsister [50], c'est-à-dire qu'elle est d'une façon dans <notre> intelligence, d'une autre dans son être même. Par exemple, si je la considère divisée, bien qu'elle ne puisse cependant subsister divisée – c'est-à-dire privée d'une chose sans laquelle elle ne perdure pas –, ou si <je la considère> purement, ou si j'ai quelque autre façon de l'intelliger qu'elle a d'exister ; et voilà un premier sens quand on dit : *j'intellige cette chose autrement qu'elle est*, ou *qu'elle se trouve.* Mais il y a un autre sens, si je dis ainsi : *j'intellige cette chose autrement qu'elle est*, c'est-à-dire que je la considère dans un état autre <que celui> qu'elle possède en soi, ou étant de n'importe quelle façon autrement qu'elle se trouve. Et dans le premier sens certes, cet adverbe *autrement* est lié à ce verbe *j'intellige* comme son mode propre ; mais dans le second sens, <il est lié> au participe ou à l'infinitif du verbe suivant, qui est indiqué comme devant être sous-entendu à partir de son verbe même, comme si on dit ainsi : *j'intellige la chose autrement étant* ou *autrement être qu'elle est*, ou *autrement se trouvant* ou *se trouver qu'elle se trouve.* Ainsi par conséquent, la question posée auparavant peut être comprise, quand évidemment on se demandait : *est-ce que toute intellection visant une chose autrement qu'elle se trouve, est vaine* ? Et selon les divers sens, diverses réponses doivent être données.

50. Voilà le cœur du problème. Dans son être même, une chose n'est pas prédicable de plusieurs : elle n'est pas universelle. C'est dans son mode d'être dans notre intellect qu'elle acquiert cette prédicabilité, et par là son universalité. Mais alors, ce n'est plus une substance, c'est-à-dire un être qui n'a pas besoin d'un autre être dans lequel exister. Pourtant, elle existe néanmoins dans notre intellect, mais au détriment de sa réalité matérielle. Alors, est-ce encore une chose?...

[§82] Si enim ita queratur *utrum omnis intellectus qui alium modum attendendi habet quam res subsistendi uanus sit*? non est concedendum. Multi namque et innumerabiles modi sunt intelligentie cuiuslibet rei, qui non sunt existentie ipsius, sicut ex suprapositis liquet. Si uero ita dicatur *utrum omnis intellectus attendens rem aliter se habentem quam ipsa se habeat, uanus sit*? concedendum est. Eisdem modis determinandum est et respondendum, cum queritur *utrum omnis qui dicit aliter rem se habere quam se habeat, dicat falsum*? Si enim ad hoc uerbum, quod est *dicit*, copulemus hoc aduerbium *aliter*, et non ad hoc uerbum, quod est *habere*, non est concedendum, ut, quicumque dicit aliter rem aliquam se habere quam ipsa se habeat, dicat falsum. Cum enim aliquis, loquens celeriter, de eo qui lente currit dicit eum currere, itaque [1] aliter dicit hoc illum facere quam ipse hoc faciat, quia hoc celeriter dicit quod ille celeriter non facit, dum [2] uidelicet iste, hoc dicendo, celeriter uerba proferat, cum ille celeriter cursum non agat [3].

[§83] Nunc ad alterius questionis terminationem transeamus *utrum* uidelicet *omnis intellectus sanus sit dicendus qui, ita ut sese res habet, eam intelligit*?

[§84] At fortasse, nisi apponamus *tantum*, non uidetur annuendum, propter supraposita scilicet obiecta. Si autem ita dicamus quod *omnis intellectus qui rem quamlibet eo modo tantum attendit quo ipsa se habet, sanus est dicendus*, ab omnibus statim recepitur ut, si Socratem intelligam esse animal, uel non esse asinum, et in hoc solo quiescat intellectus meus, uel si intelligam tantum quoddam animal esse asinum, hoc est quod quoddam animal sit asinus. Si autem intelligam Socratem esse

assumptio. Quippe intellectus huius uocis corpus habet alium modum in concipiendo quam corpus in existendo, quia iste intellectus concipit substantiam cum corporeitate tantum, ita scilicet, ut nullam aliam formam attendat, corpus uero cum illa forma tantum non existat. » : P. Abælardi *Logica « Nostrorum petitioni sociorum »*, éd. B. Geyer, Münster, Aschendorff, 1919, p. 530 (1-15).

1. itaque] utique *CU*.
2. dum] cum *CU*.
3. « Similiter cum aliquis loquens celeriter de eo qui lente currit, dicit eum currere, utique aliter dicit eum hoc facere quam ipse faciat, quia celeriter dicit quod ille celeriter non facit. » : P. Abælardi *Logica « Nostrorum petitioni sociorum »*, éd. B. Geyer, p. 530 (15-17).

[§82] Si en fait il est ainsi demandé : *est-ce que toute intellection qui a une autre manière de viser que la chose de subsister, est vaine* ? on ne doit pas le concéder. Et de fait, nombreux et innombrables sont les modes de l'intelligence de n'importe quelle chose, qui ne sont pas ses modes d'existence, comme il est clair à partir de ce qui précède. Mais si on dit ainsi : *est-ce que toute intellection visant une chose comme étant autrement qu'elle se trouve, est vaine* ? il faut le concéder. On doit régler et répondre de la même manière, quand on demande : *est-ce que tout un chacun qui dit qu'une chose se trouve autrement qu'elle est, dit le faux* ? En effet, si nous lions à ce verbe *dit* cet adverbe *autrement*, et non pas à ce verbe *se trouve*, on ne doit pas concéder que quiconque dit autrement qu'une chose est qu'elle se trouve, dit le faux. Quand en effet quelqu'un, parlant rapidement de celui qui court lentement, dit qu'il court, il dit par conséquent autrement qu'il <ne> le fait <l'acte> que l'autre fait, parce qu'il dit rapidement ce que l'autre ne fait pas rapidement, – pourvu évidemment que le premier, en disant cela, prononce rapidement les mots, alors que le second ne fait pas la course rapidement.

[§83] Maintenant passons, pour en terminer avec l'autre question, à savoir : *doit-on dire saine toute intellection qui intellige une chose comme elle se trouve* ?

[§84] Peut-être bien cependant, à moins que nous <n'>ajoutions *seulement*, qu'on ne doit pas consentir, semble-t-il, à cause naturellement des objections précédentes. Mais si nous disons ainsi que *toute intellection qui vise n'importe quelle chose de la manière seulement dont elle se trouve, doit être dite saine*, tous acceptent aussitôt que j'intellige que Socrate est un animal ou qu'il n'est pas un âne – et en cela seul<ement> mon intellect est au repos –, ou bien que j'intellige que seulement un certain animal est un âne, c'est-à-dire qu'une espèce d'animal est un âne. Mais si j'intellige que Socrate est un animal non raisonnable, je ne

animal irrationale, non intelligo tantum illo modo eum se habere quo se habet, quia, per hoc quod *irrationale* super aggrego, modum quo se Socrates habet super gradior et excedo [1].

[§85] Quisquis itaque aliquam rem intelligit tantum eo modo quo se habet, sanum in hoc intellectum habet. Sed non fortassis ideo [2] necesse est simpliciter concedendum esse, ut uidelicet omnis intelligens aliquam rem eo modo quo se habet sanum habeat intellectum, nisi forte addamus *in eo quod illud intelligit.*

[§86] Nam fortasse cum intelligo Socratem esse animal irrationale, in eo quod ipsum attendo esse animal, quod uerum est, uerum [3] habeo intellectum, qui est pars compositi intellectus falsi, sed non in eo quod hoc totum attendo esse animal irrationale.

[§87] Quod, si quis obiciat quod eadem ratione concedendum sit quod [4], is qui intelligit *Socratem esse asinum*, hoc est animal irrationale tale, uerum uel sanum in hoc habet intellectum, pro eo scilicet quod intelligat eum esse animal, non est audiendus. Cum enim hoc nomen *asinus*, quia simplex est sermo, simplicem habeat intellectum et non ex partibus coniunctum, non possimus in predicatione eius intellectus diuersarum enuntiationum distinguere, ut aliquem eorum sanum ualeamus dicere. Totam quippe substantiam ac naturam asini simul in hoc nomine, quod est *asinus*, significamus atque copulamus, et non per partes.

[§88] De eo autem quod dictum est, obici solet quod *omnis qui intelligit Socratem esse asinum, intelligit quoddam animal esse asinum*, et *omnis qui intelligit quoddam animal esse asinum, intelligit uerum*, et ita *omnis qui intelligit Socratem esse asinum, intelligit uerum* ; facile responsum damus quod uidelicet, si medius terminus in eodem sensu sumatur, firma sit omnino

1. « Posset tamen fortasse et sanus esse intellectus, qui ea quæ coniuncta sunt, uno modo considerat diuisa, alio modo <coniuncta> et e conuerso. (...) Unde Boethius animo potestatem hanc adscribit, ut ratione sua possit et disiuncta componere et composita resoluere, in neutro tamen rei naturam excedens, sed solum id quod in rei natura est, percipiens. Alioquin non esset ratio, sed opinio, scilicet si a statu rei intelligentia deuiaret. » : P. Abælardi *Glossæ super Porphyrium*, éd. B. Geyer, p. 26 (4-15).

2. ideo] in eo *CU*.

3. uerum] *om. C*.

4. quod] idem *C* ; quidem *U*.

l'intellige pas seulement de la manière dont il est, parce que de ce fait que j'associe en plus *non raisonnable*, je dépasse et excède la manière dont Socrate est.

[§85] Par conséquent, quiconque intellige une chose seulement de la manière dont elle est, a en cela une intellection saine. Mais il n'est peut-être pas pour cela nécessaire de devoir simplement concéder que quiconque intellige une chose de la manière dont elle est a une intellection saine, à moins que nous <n'>ajoutions à tout hasard *en ce qu'il intellige cela.*

[§86] Car peut-être, lorsque j'intellige que Socrate est un animal non raisonnable, qu'en cela que je vise qu'il est un animal – ce qui est vrai –, j'ai une intellection vraie – qui est une partie d'une intellection composée fausse –, mais non pas en ce que je vise là que le tout est un animal non raisonnable.

[§87] Et là-dessus, si quelqu'un objecte que pour la même raison, on doit concéder que celui qui intellige que *Socrate est un âne*, c'est-à-dire un animal de cette espèce non raisonnable, a en cela une intellection vraie ou saine – pour cette raison naturellement qu'il intellige qu'il est un animal –, on ne doit pas l'écouter! En effet, puisque ce nom *âne*, parce qu'il est un discours simple, occasionne une intellection simple et non pas formée de parties, nous ne pouvons pas dans l'acte prédicatif en distinguer des intellections d'énonciations distinctes, pour pouvoir dire saine l'une d'elles. De fait, nous signifions et unissons en même temps, dans ce nom d'*âne*, toute la substance et toute la nature de l'âne, et non pas par parties.

[§88] Mais il arrive qu'on objecte, à propos de ce qui a été dit, que *quiconque intellige que Socrate est un âne, intellige que quelque animal est un âne*, et *quiconque intellige que quelque animal est un âne, intellige le vrai*, et ainsi *quiconque intellige que Socrate est un âne, intellige le vrai* ; nous donnons facilement la réponse qu'évidemment, si le moyen terme est pris dans le même sens, l'assemblage[51] est tout à fait solide. Mais en raison d'une

51. Le syllogisme.

complexio. Sed tunc, pro diuersa acceptione eius, modo altera et modo altera de premissis propositionibus probanda erit.

[§89] Est autem medius terminus *intelligit quoddam animal esse asinum*, quod duobus modis accipi posse uidetur. Vno quidem modo, si ita dicamus *intelligit de quodam animali quod sit asinus*, et ita uera est prima propositio et falsa assumptio ; alio modo, si ita dicamus *intelligit hoc quod quoddam animal est asinus*, ac si dicatur *habet intellectum huius*[1] *particularis affirmatiue « quoddam animal est asinus »*. Et tunc quidem, falsa est prima propositio et uera assumptio.

[§90] Possumus fortasse, et illud non irrationabiliter, dicere quod nemo intelligens *Socratem esse animal irrationale*, intelligit in hoc eum esse animal, licet in intellectu hoc toto ille tamquam pars inclusus uideatur. Eo quippe modo dicimus *intelligere* quo dicimus *proponere*. Tota autem hec propositio *Socrates est animal irrationale*, non proponit Socratem esse animal, sed pars eius, sicut nec ista consequentia *si Socrates est margarita, Socrates est lapis*, proponit Socratem esse margaritam, uel Socratem esse lapidem. (f. 68r) Alioquin, falsum proponeret[2] hec consequentia, et illa propositio uerum. Et ita qui hoc diceret[3], falsum diceret, et qui illud dicerent[4], uerum. Sic, neque is qui intelligit *Socratem esse animal irrationale*, in hoc toto attendit esse animal, cum in hoc solo[5] nisus[6] animi sui non perficiatur ; neque quod intelligit quod *si Socrates est margarita, Socrates est lapis*, per hoc intelligit aut Socratem esse margaritam, aut Socratem esse lapidem[7] ; neque hoc enim pro omni[8] conceptu animi recte quis intelligere

1. huius] *om. C.*
2. proponeret *AC*] proponere *U.*
3. diceret *scr.*] dicet *A* ; dicit *CU.*
4. dicerent] *om. C* ; diceret *U.*
5 solo *AC*] solus *U.*
6. nisus] uisus *CU.*
7. « Similiter cum dicimus hanc consequentiam : “Si Socrates est lapis, Socrates est margarita”, ex eo falsam esse quod antecedens potest esse sine consequenti, negatiue id accipimus, id est quod antecedens ex se non exigit consequens. » : P. Abælardi *Glossæ super Porphyrium*, éd. B. Geyer, p. 91 (20-23).
8. pro omni] propositionum *CU.*

acception différente du moyen terme, alors tantôt l'une et tantôt l'autre prémisse devront être prouvées.

[§89] Or le moyen terme est : *intellige que quelque animal est un âne*, ce qui semble pouvoir être interprété de deux façons. D'une première façon, en effet, si nous disons ainsi : *intellige à propos de quelque animal que <c'>est un âne*, et ainsi la proposition <prémisse> majeure est vraie, et la mineure fausse ; d'une autre façon, si nous disons ainsi : *intellige ceci que quelque animal est un âne*, comme si on dit : *il a l'intellection de cette <proposition> particulière affirmative « quelque animal est un âne »*. Et alors de fait, la majeure est fausse, et la mineure vraie.

[§90] Nous pouvons peut-être bien dire, et cela non pas contre toute raison, qu'aucune personne qui intellige que *Socrate est un animal non raisonnable*, n'intellige par là qu'il est un animal, encore qu'il paraisse inclus en tant que partie dans cette intellection tout entière. De fait, de cette façon nous disons *intelliger* pour dire *proposer*. Or cette proposition tout entière : *Socrate est un animal non raisonnable*, ne propose pas que Socrate est un animal, mais sa partie, de même que ce syllogisme <hypothétique> : *si Socrate est une perle, Socrate est une pierre*, ne propose pas que Socrate est une perle ou que Socrate est une pierre. Autrement, ce syllogisme proposerait le faux, et la proposition le vrai. Et ainsi celui qui dirait ceci dirait le faux, et ceux qui diraient cela, le vrai. Ainsi d'une part, ni celui qui intellige que *Socrate est un animal non raisonnable* ne vise dans ce tout l'être animal – puisqu'en cela seul<ement>, l'effort de son esprit n'est pas achevé ; ni d'autre part – parce qu'il intellige que *si Socrate est une perle, Socrate est une pierre* –, il n'intellige par là ou bien que Socrate est une perle, ou bien que Socrate est une pierre ; en effet, on ne dit pas ici de quelqu'un qu'il intellige correctement pour toute conception de l'esprit, mais pour cette

dicitur, sed pro illo tantum conceptu in quo nisus [1] ipse animi atque eius explicatio consummatur atque perficitur.

[§91] Vnde non est necesse ut, si alicuius intellectus conceptum habeam, quoquomodo ideo illud intelligere dicar ; et licet intelligere simpliciter sumptum sit ab intellectu [2], non tamen ideo intelligere hoc sumptum est ab intellectu huius rei, cum uidelicet, ut supra notauimus, intelligere, hoc non sit simpliciter hunc intellectum habere, sed, sic eum habere ut insuper, nisus [3] animi terminetur ibi ac perficiatur. Nam et significare idem est quod intellectum constituere, non tamen significare aliquid idem est quod intellectum de eo constituere. Alioquin, cum singuli sermones, intellectus quoque, sicut et res, significare dicuntur, non tamen ideo de intellectibus rursum alios intellectus constituunt.

[§92] Solet frequenter queri de significatione atque intellectu uniuersalium uocum, quas res uidelicet significare habeant, aut que res in eis intelligantur. Vt, cum audio hoc nomen *homo*, quod pluribus commune est rebus ad quas equaliter se habet, quam rem in ipso intelligam queritur. Quod si, prout oportet, respondeatur quod homo in ipso intelligitur, superest questio quomodo id uerum sit, non uel hic homo, uel ille, uel alius aliquis ibi intelligatur, cum uidelicet *omnis homo* [4] aut hunc, aut illum, uel aliquem alium esse constet.

[§93] Sicut enim, inquiunt, cum homo sentitur, necesse uel hunc, uel illum, uel aliquem alium sentiri, eo uidelicet quod omnis homo sit uel hic, uel ille, uel alius, ita et de intellectibus [5] ad similitudinem sensus, ratiocinantur [6], ut uidelicet, si *homo* intelli-

1. nisus] uisus *CU*.

2. « Intellectus uero ipsi nihil aliud nisi rerum significatiui sunt. » : A. M. S. Boethii *Commentarii in librum Aristotelis Peri Ermenias secunda editio*, éd. C. Meiser, p. 24 (14-15).

3. nisus] uisus *CU*.

4. omnis homo] omnem hominem *CU*.

5. intellectibus] intellectu *CU*.

6. « Quod<si> sicut oportet, respondebit, quod homo ipso intelligatur, sequitur [autem] quæstio, quomodo hoc uerum sit, nisi hic homo uel alius intelligatur, cum scilicet omnis homo sit hic uel ille uel alius Sic<ut> enim inquiunt : *Cum homo sentitur, necesse est hunc uel illum sentiri eo quod omnis sit hic uel ille*, <ita> et de intellectu ad similitudinem sensus

conception seulement dans laquelle l'effort même de l'esprit et en outre sa netteté sont achevés et accomplis.

[§91] Par suite, il n'est pas nécessaire, si j'ai un concept de quelque intellection, qu'en quelque manière on me dise intelliger cela ; et encore qu'intelliger soit simplement saisir [52] depuis une intellection [53], cependant, intelliger ceci n'est pas pour cela saisir depuis l'intellection de cette chose-ci, puisque visiblement – comme nous <l'>avons noté précédemment –, intelliger ceci n'est pas simplement avoir cette intellection-ci, mais l'avoir de façon telle qu'en plus, l'effort de l'esprit se termine là et soit accompli. Car aussi, signifier est la même chose que constituer une intellection, cependant signifier quelque chose n'est pas la même chose qu'en constituer une intellection. Du reste, quand les discours simples, les intellections encore, comme aussi les choses sont dits signifier, ils ne constituent cependant pas pour cela, à partir d'intellections, derechef d'autres intellections.

[§92] Il arrive fréquemment qu'on demande, à propos de la signification et aussi de l'intellection des sons vocaux des universaux, quelles choses évidemment ils ont à signifier, ou bien quelles choses on intellige en eux. Comme on demande : quand j'entends ce nom *homme* – qui est commun à plusieurs êtres auxquels il convient également –, quelle chose est-ce que j'intellige dans ce nom même ? Parce que si, dans la mesure où il faut, on répond que nous intelligeons l'homme en ce nom même, la question demeure de quelle manière cela est vrai, <si> on n'intellige pas là cet homme-ci, ou celui-là, ou quelque autre, puisque visiblement *tout homme*, il est certain que c'est ou bien celui-ci, ou bien celui-là, ou quelque autre.

[§93] Car, disent-ils, quand on perçoit un homme par les sens, de même qu'il est nécessaire qu'on perçoive ou celui-ci, ou celui-là, ou quelque autre – pour cette raison que tout homme est ou celui-ci, ou celui-là, ou un autre –, de même <en est-il> aussi des intellections à la ressemblance de la sensation, raisonnent-ils, de sorte qu'évidemment si on intellige *homme*, il est nécessaire

52. *sumptum*, littéralement : *une chose saisie, une saisie.*

53. « Vraiment, les intellections elles-mêmes ne sont rien d'autre que les signes des choses. » : A. M. S. Boethii *Commentarii in librum Aristotelis Peri Ermenias secunda editio*, éd. C. Meiser, p. 24 (14-15).

gatur, necesse sit uel hunc, uel illum, uel aliquem alium intelligi. Preterea, *homo* nichil aliud sonat quam quidam homo. Vnde et qui hominem intelligit, profecto quemdam hominem intelligit, et ita hunc uel alium intelligit. Quod omnino falsum apparet.

[§94] Ad quod respondendum, arbitror, quod, si recte ratiocinari uolumus, oportet significatorum enuntiatorum [1] sensus diligenter attendere, ut secundum hec [2], uim complexionis diligenter queamus [3] discernere. Cum itaque dicimus [4] *homo intelligitur*, hic est sensus, quod aliquis per intellectum naturam concipit humanam, hoc est animal tale attendit. Vnde, si postmodum procedatur ita *sed omnis homo est hic uel alius, ergo concipit hunc uel alium*, non recte sillogizat ; immo ita potius dicendum esset : *Sed omnis intelligens hominem intelligit hunc uel illum.* Tunc quippe recte medius terminus seruaretur, et coniunctio extremorum per eum recte procederet. Sed falsa esset assumptio. Similiter et cum dicitur *capa desideratur a me,* hoc est *desidero capam*, licet omnis capa sit hec uel illa, non tamen inde [5] consequens ut hanc capam uel illam desiderem. At [6] si ita diceretur *ego desidero capam, et omnis desiderans capam desiderat hanc uel illam*, tunc equidem recte argumentatio procederet [7]. Quod [8], si quis dicat quod, eadem ratione, nec illa complexio concedenda est quod, *si sentio hominem, cum omnis homo sit hic uel ille, sentio hunc uel illum*, concedo utique non esse firmam complexionem ; ex natura tamen ipsius sensus qui nonnisi in aliquam rem existentem agat exerceri, non potest concedendum, arbitror, quod si quis hominem sentiat, hunc uel illum sentiat. At

ratiocinantur. » : P. Abælardi *Logica « Nostrorum petitioni sociorum »*, éd. B. Geyer, p. 530 (28-34).

1. significatorum enuntiatorum] significatarum enuntiationum *CU*.
2. hec] hanc *CU*.
3. queamus] queramus *CU*.
4. dicimus *AC*] dicitur *U*.
5. inde] inest *CU*.
6. At *AC*] Ac *U*.
7. « Similiter cum dicitur : *Ego desidero cappam, et omnis cappa est hæc uel illa*, non tamen sequitur quod ego desidero hanc uel illam, sed ita diceretur : *ego desidero cappam et omnis desiderans cappam est desiderans hanc uel illam* ; tunc equidem recte procederet. » : P. Abælardi *Logica « Nostrorum petitioni sociorum »*, éd. B. Geyer, p. 531 (9-13).
8. Quod *AC*] Quid *U*.

qu'on intellige celui-ci, ou celui-là, ou quelque autre. En outre, *homme* ne signifie rien d'autre que un certain homme. Par suite aussi, celui qui intellige un homme intellige assurément un certain homme, et ainsi il intellige celui-ci ou un autre. Ce qui apparaît comme tout à fait faux.

[§94] À quoi on doit répondre, je crois, que si nous voulons raisonner correctement, il faut viser soigneusement les sens des propositions signifiées, pour chercher consciencieusement, d'après ces dernières, à reconnaître la valeur de l'assemblage <syllogistique>. Par conséquent, quand nous disons *on intellige un homme*, ceci est le sens : que quelqu'un, par une intellection, conçoit une nature humaine, c'est-à-dire qu'il vise un animal de cette espèce. Puis, s'il est allé de l'avant ainsi par la suite : *mais tout homme est celui-ci ou un autre, donc il conçoit celui-ci ou un autre*, il ne fait pas correctement le syllogisme ; bien au contraire, on devrait plutôt dire : *Mais quiconque intellige un homme intellige celui-ci ou celui-là*. Alors certes le moyen terme serait correctement maintenu, et par lui, l'union des extrêmes progresserait correctement. Mais la mineure [54] serait fausse. Et semblablement quand on dit : *une cape est désirée par moi*, c'est-à-dire *je désire une cape*, il se peut que toute cape soit celle-ci ou celle-là ; de là, cependant, il ne s'ensuit pas que je désire cette cape-ci ou celle-là. Mais au contraire si on disait ainsi : *moi, je désire une cape, et quiconque désire une cape désire celle-ci ou celle-là*, alors certes l'argument progresserait correctement. Mais si quelqu'un affirme cela que, pour la même raison, on ne doit pas concéder cette construction <syllogistique> que : *si je perçois un homme, puisque tout homme est celui-ci ou celui-là, je perçois celui-ci ou celui-là*, je concède en tout cas que la construction n'est pas solide ; malgré [55] la nature de la sensation même – qui se trouve s'exercer seulement dans une chose qui existe –, on ne peut concéder, je pense, que si quelqu'un percevait un homme, il percevrait celui-ci ou celui-là. D'autre part certes, l'intellection n'<en> peut pas moins être obtenue, même si la chose n'existe

54. C'est plutôt la majeure qui serait fausse.
55. Littéralement : *à partir de la nature malgré tout de la sensation même…*

uero, intellectus non minus haberi potest, etiamsi res non sit[1]. Quia, et eorum que iam preterita sunt, per memoriam recordamur ; et que futura sunt, per prouidentiam iam concipimus ; et que etiam numquam sunt, nonnumquam opinamur atque fingimus, ut chimeram, centaurum, sirenes[2], hircoceruum.

[§95] Non est itaque necesse ut, si hominem intelligam, uel aliquem conceptum habeam in quo naturam humanam concipiam, ideo hunc hominem uel illum attendam, cum multi alii et innumerabiles conceptus sint, in quibus humana excogitatur natura[3] ; sicut hec[4] ipsa simplex conceptio huius specialis nominis, quod est *homo*, uel *hominis albi* simpliciter, uel *hominis sedentis*, uel etiam *hominis cornuti*, etsi numquam ille sit ; et in quibuscumque conceptionibus natura humanitatis attenditur, siue cum discretione certe persone, ut Socratis uel alicuius alterius, siue indifferenter, absque ulla scilicet persone certitudine.

[§96] Querit etiam illud fortassis aliquis cum audio *omnis homo*, utrum intelligam omnem hominem, uel cum dicitur de aliquibus duobus quod *alter eorum currit*, ut si intelligam alterum[5] eorum currere, uel cum dicitur *chimera que est alba*, utrum intelligam chimeram que est alba sicut, cum audio *chimera*, intelligo chimeram, necnon etiam utrum, cum audio hoc nomen *nonintelligibile*, intelligam nonintelligibile ?

[§97] At uero quis non recipiat quod, si intelligam omnem hominem, hoc est unumquemque, non intelligam etiam istum ? Nisi forte quis ita profiteatur se omnem hominem intelligere, ac si dicat se huius orationis que est *omnis homo* habere conceptum,

1. « Sunt enim intellectus sine re ulla subiecta, ut quos centauros uel chimæras poetæ finxerunt. » : A. M. S. Boethii *Commentarii in librum Aristotelis Peri Ermenias secunda editio*, éd. C. Meiser, p. 22 (3-5).

2. sirenes] sirenem *CU*.

3. « Non est itaque necesse, ut si hominem intelligam, ideo hunc uel illum intelligam, cum multi alii innumerabiles conceptus sint, in quibus humana excogitatur natura, sed indifferenter, absque ulla scilicet certitudine personæ... » : P. Abælardi *Logica « Nostrorum petitioni sociorum »*, éd. B. Geyer, p. 531 (14-17). *Et rursus* : « Cum enim res animalis nulla sit, nisi hec uel illa, hanc autem uel illam non intelligamus... » : P. Abælardi *Glossæ super Porphyrium*, éd. B. Geyer, p. 61 (3-5).

4. hec *AC*] et *U*.

5. ut si intelligam alterum] utrum intelligam alterum *C* ; utrum intelligam alter *U*.

pas [56]. Parce que nous nous souvenons, par la mémoire, des choses qui sont maintenant passées ; et nous concevons déjà, par la prévoyance, celles qui sont à venir ; et sur celles qui n'existent même pas du tout, quelquefois nous opinons et <les> créons par fiction, comme la chimère, le centaure, les sirènes, le bouc-cerf.

[§95] Par conséquent, si j'intellige un homme ou <si> j'ai quelque pensée dans laquelle je conçois une nature humaine, il n'est pas nécessaire que pour cela je vise cet homme-ci ou celui-là, puisque plusieurs autres <hommes> et d'innombrables pensées existent, dans quoi la nature humaine est réfléchie ; par exemple, cette simple conception même de ce nom particulier qui est *homme*, ou *d'un homme blanc* simplement, ou *d'un homme qui est assis*, ou encore *d'un homme cornu*, bien que celui-là n'existe pas du tout ; et, dans n'importe laquelle <de ces> pensées, on vise la nature de l'humanité, soit avec la distinction d'une personne précise – comme Socrate ou quelqu'un d'autre –, soit indistinctement – sans naturellement aucune certitude de la personne.

[§96] On demande peut-être encore cela : quand j'entends *tout homme*, est-ce que j'intellige chaque homme ?...ou quand on dit de deux <êtres> quelconques que *l'un d'eux court*, est-ce que de quelque manière j'intellige que l'autre des deux court ?...ou quand on dit *la chimère qui est blanche*, est-ce que j'intellige une chimère qui est blanche, comme quand j'entends *chimère*, j'intellige une chimère ?...et aussi encore, quand j'entends ce nom *inintelligible*, est-ce que j'intellige l'inintelligible ?

[§97] Mais vraiment, qui n'admettrait pas que, si j'intellige tout homme – c'est-à-dire chacun –, je n'intellige pas aussi celui-là ? À moins que par hasard, quelqu'un <ne> déclare ouvertement que lui, il intellige chaque homme, de même que s'il dit que lui, il a un concept de cette phrase *tout homme* – ce qui certes est vrai, même s'il ne différencie ni cet <homme>-ci, ni celui-là. Et de fait, quand nous disons que cette proposition *tout homme court* dit

56. « Il y a en effet des intellections qui ne correspondent pas à une réalité sujet, comme celles que les poètes ont façonnées, centaures ou chimères. » : A. M. S. Boethii *Commentarii in librum Aristotelis Peri Ermenias secunda editio*, éd. C. Meiser, p. 22 (3-5).

quod quidem uerum est, etiam si neque hunc, neque illum distingat[1]. Nam et cum dicimus quod hec propositio *omnis homo currit* dicit omnem hominem currere, non tamen ideo ponimus quod proponat Socratem currere, uel Platonem[2]. Alioquin multiplex esset, non una[3], sicut Aristotiles perhibet[4]. (f. 68v) Nobis tamen uidetur non recte posse dici ut, quis omnem hominem intelligat, nisi etiam Socratem[5] et singulos attendat, quod nemo umquam facere, credo, sufficit.

[§98] Sed neque, cum dicitur *alter istorum currit*, hoc est quidam ex iis[6] currit, uidetur concedendum ut intelligam[7] alterum[8] eorum currere, sed[9] potius ut neutrum, cum[10] uidelicet neque hunc currere intelligam, neque illum. Et cum dicitur *quidam homo currit*, *nullus*[11] potius dicitur ibi[12] *currere* quam *quidam*, cum uidelicet neque hic dicatur ibi *currere*, neque ille.

[§99] Ad quod responderi potest quod, sicut hec propositio *alter istorum currit* duos habet sensus : unum uidelicet hipotheticum[13] disiuncte huius *aut hic currit, aut ille currit* ; alterum cathegorie[14] habentis disiunctum subiectum, ac si dicatur *hic uel ille currit* ; ita et cum dicitur *intelligo alterum istorum currere*, uel *dico hominem currere quemdam*, duo sunt sensus in singulis. Vnus quidem quod intelligo quod alter currit, uel quod dico quod quidam currit ; alius quod intelligo de altero quod currit, hoc est uel hunc intelligo currere, uel illum intelligo currere, uel dico similiter de quodam quod currit. Et secundum priorem sensum, concedendum est quod querebatur, et non secundum alterum. Sed et fortasse, cum dicitur *neutrum intelligo currere*, uel *nullum*

1. distingat *sic A.*

2. « ...non hoc quod homo existit, exigit hunc uel illum esse... » : P. Abælardi *Glossæ super Predicamenta aristotelis*, éd. B. Geyer, pp. 147-148 (42-1).

3. « Est autem una oratio enuntiatiua quæ unum significat uel coniunctione una, plures autem quæ plura... » : Aristote, *Periermenias*, 5 (17a16-17), translatio Boethii, éd. L. Minio-Paluello, *Aristoteles Latinus*, tome II, fascicules 1-2, pp. 8-9 (20-1).

4. perhibet *AU*] prohibet *C.*

5. Socratem *AC*] Socrates *U.*

6. iis *sic A.*

7. intelligam *AC*] intelligami *U.*

8. alterum...intelligam] *hom. om. C.*

9. sed *AC*] scilicet *U.*

10. cum *AC*] eorum *U.*

11. nullus *AC*] nullius *U.*

12. ibi] in *CU.*

13. hipotheticum *sic A.*

14. cathegorie] categorice *CU.*

que chaque homme court, nous ne prétendons cependant pas pour cela qu'elle propose que Socrate court, ou bien Platon. Autrement elle serait multiple, non pas une, comme <le> rapporte Aristote[57]. Il nous semble cependant qu'on ne peut pas correctement dire que quelqu'un intellige chaque homme, s'il ne vise pas aussi Socrate et <tous> les <autres> individus – ce que jamais personne, je crois, n'est capable de faire.

[§98] Mais, <objectera-t-on encore>, quand on dit *l'un de ces <deux>-là court*, c'est-à-dire l'un d'entre eux court, il ne semble pas qu'on doive concéder que j'intellige que l'autre des deux court, mais plutôt, que ni l'un ni l'autre <court>, puisque, évidemment, j'intellige que ni celui-ci court, ni celui-là. Et quand on dit quelque homme court, plutôt *aucun* que *quelque* est dit ici *courir*, puisque ni celui-ci, ni celui-là n'est ici dit *courir*.

[§99] À quoi on peut répondre qu'en quelque sorte, cette proposition *l'un des deux court* a deux sens : un premier évidemment, de cette hypothétique disjointe : *ou bien celui-ci court, ou bien celui-là court* ; l'autre, de la catégorie qui possède un sujet de choses disjointes – comme si on dit : *celui-ci ou celui-là court* ; de cette manière aussi quand on dit : *j'intellige que l'un des deux court*, ou *je dis que quelque homme court*, il y a deux sens dans chacune <des propositions> en particulier. Le premier certes, que j'intellige que l'un des deux court, ou que je dis que quelqu'un court ; l'autre, que j'intellige à propos de l'un des deux qu'il court, c'est-à-dire ou bien j'intellige que celui-ci court, ou bien j'intellige que celui-là court, ou semblablement, je dis à propos de quelqu'un qu'il court. Et selon le premier sens, on doit concéder ce qui était demandé, et non selon le second. Mais aussi peut-être bien, quand on dit : *j'intellige qu'aucun des deux <ne> court*, ou *je dis qu'aucun homme <ne> court*, qu'il y a plusieurs

57. « Est un le discours déclaratif qui exprime soit une chose une, soit une unité résultant de la liaison des parties ; par contre, sont composées les propositions qui expriment une multiplicité et non un objet un… » : Aristote, *De l'interprétation*, 5 (17a15-17), traduction J. Tricot, p. 85.

hominem[1] *dico currere*, plures sunt sensus in singulis. Vnus quidem affirmatiuus, et duo negatiui. Si enim ita accipiatur *intelligo quod neuter currit*, uel *dico quod nullus currit*, affirmatiuus est sensus. Si uero ita quod *neutrum intelligo currere*, hoc est *non intelligo quod alter currit*, uel ita *neque intelligo hunc currere, neque illum*, duo sunt negatiui sensus, et primus quidem sensus est negationis diuidentis eius affirmationis, quam supra concessimus. Similiter determinandum est de eo quod dictum est *nullum hominem dico currere.*[2]

[§100] Quod uero quesitum est utrum cum dicitur *chimera que est alba* intelligam chimeram que est alba ? nullo modo concedendum est, licet id uerum sit quod habeam intellectum[3] huius orationis *chimera que est alba.* Tale est enim *intelligo chimeram*[4] *que est alba*, ac si dicatur *habeo conceptum quo excogito chimeram et ipsa est alba.* Si autem dicatur *intelligo chimeram albam,* uerum esse potest, si uidelicet habeam intellectum huius orationis *chimera est alba.*

[§101] Illud autem concedendum aliquo modo uidetur quod, cum audio hoc nomen *nonintelligibilis*[5], intelligo nonintelligibile, hoc est habeo talem conceptum in quo excogito aliquid tamquam nonintelligibile. Si uero ita dicatur *intelligo nonintelligibile*, hoc est *habeo intellectum de aliquo, et non potest illud intelligi*, falsum est omnino. Et fortassis hic est magis proprius sensus. Sed et cum dicimus *non diuisibile aliud hoc, aliud illud*, si quis ob hoc dicat quod non diuisibile diuiditur, non uidetur omnino uerus esse sensus. Similiter et si dicam *Socrates est non predicabilis*[6] *de pluribus*, uel est *quod non predicatur de pluribus*, et similiter Plato, si ideo dicamus *non predicabilis de pluribus*, uel *quod non*

1. hominem *AC*] hominum *U*.

2. « Et nota quod aliud est dicere hominem esse animal, aliud de homine quod sit animal, et aliud est dicere de quodam homine, quod currat, aliud quod quidam homo currit. Qui enim dicit : *quidam currit* de nullo ostendit, quod currat. Quippe neque de hoc neque de alio, et tamen dicit, quod quidam currit. » : P. Abælardi *Glossæ super Porphyrium*, éd. B. Geyer, p. 61 (17-21).

3. intellectum *AU*] intellectus *C*.

4. chimeram] chimera *CU*.

5. nonintelligibilis] non intelligibile *CU*.

6. Socrates est non predicabilis *AC*] Socratem est non predicabile *U*.

sens dans chacune <des propositions> en particulier. Un certes affirmatif, et deux négatifs. En effet, si on interprète ainsi : *j'intellige qu'aucun des deux <ne> court*, ou *je dis que personne <ne> court*, le sens est affirmatif. Mais si <on interprète> de cette manière que *j'intellige aucun des deux qui court*, c'est-à-dire *je n'intellige pas que l'un des deux court*, ou ainsi : *je n'intellige pas que celui-ci court, non plus que celui-là*, il y a deux sens négatifs. Et assurément, le premier sens est <celui> d'une négation qui divise de son affirmation, que nous avons concédée précédemment. On doit semblablement régler, à propos de ce qu'on a dit : *je dis qu'aucun homme <ne> court.*

[§100] Mais ce qu'on demande : est-ce que, quand on dit *la chimère qui est blanche*, j'intellige une chimère qui est blanche ?...ne doit d'aucune façon être concédé ; quoiqu'il soit vrai que j'aurais l'intellection de cette phrase : *la chimère qui est blanche.* En effet, tel est *j'intellige une chimère qui est blanche*, que si on dit *j'ai un concept par lequel je réfléchis une chimère, et elle est blanche.* Mais si on dit : *j'intellige une chimère blanche*, cela peut être vrai, si évidemment j'ai l'intellection de cette phrase : *la chimère est blanche.*

[§101] Mais il semble qu'on doive, d'une certaine manière, concéder cela que, quand j'entends ce nom *inintelligible*, j'intellige l'inintelligible, c'est-à-dire que j'ai un concept de cette espèce dans lequel je réfléchis quelque chose en tant qu'inintelligible. Mais si on dit ainsi : *j'intellige l'inintelligible*, c'est-à-dire *j'ai l'intellection de quelque chose et cela ne peut pas être intelligé*, c'est tout à fait faux. Et peut-être <que> ceci est plutôt le sens propre. Mais aussi quand nous disons : *tantôt ceci, tantôt cela <est> indivisible*, si quelqu'un dit à cause de cela que l'indivisible est divisé, le sens ne semble pas du tout être le vrai. Et semblablement, si je dis : *Socrate est non prédicable de plusieurs* ou *est ce qui n'est pas prédiqué de plusieurs*, – et semblablement Platon –, si pour cela nous disons que *non prédicable de plusieurs* ou *ce qui n'est pas prédiqué de plusieurs* est prédiqué de plusieurs,

predicatur de pluribus predicari de pluribus, nullo modo uere dici uidetur. Si uero addamus hoc uniuersale *non diuisibile* diuiditur, uel hoc uniuersale *non predicabile de pluribus* predicatur de pluribus, aditio [1] hec, uerum quem intendimus ostendit sensum.

[§102] Querit et illud fortassis aliquis utrum quando intelligo chimeram, et talis est sensus quod habeo conceptum huiusmodi, possit dici quod intelligo chimeram que [2] est intellectus ? Verum quippe est quod habeo conceptum huiusmodi qui est intellectus. Ac rursus, quis recipiat quod intelligam chimeram que est intellectus [3], nisi et chimeram intelligam, et illa sit intellectus ? At [4] profecto, si chimera sit intellectus, utique et ipsa est. Et cum *chimera* [5] dicat animal tale, profecto et quoddam animal intellectum [6] esse constat.

[§103] Ad quod respondeo quod, cum dicitur *intelligo chimeram* uel *chimera intelligitur,* figuratiua est locutio. Si uero dicam *intelligo chimeram que est,* transit in locutionem propriam, quia iam per hanc orationem *chimera que est,* agitur tamquam personaliter de re aliqua que constituitur et ponitur esse. Nam et cum dicitur *que est*, non *qui est*, ad chimeram personaliter [7] relatio fit per femininam [8] uocem, que eiusdem est generis, non ad intellectum. Et notandum quod est necesse quod, cum he due orationes *intelligo chimeram* et *habeo talem intellectum* eius sint sensus per se dicte quod [9], ideo cuilibet alicui coniuncte, eum penitus intellectum seruent, quia sepe eius sensus sunt sermones per se sigillatim dicti, qui tamen in contextu constructionis longe aliam uim habent [10].

[§104] Hec de speculationibus, hoc est intellectibus, dicta nunc sufficiant.

1. aditio] additio *CU*.
2. que] qui *CU*.
3. intellectus *AC*] intellectum *U*.
4. At *AC*] Ac *U*.
5. chimera *AU*] chimeram *C*.
6. intellectum] intellectui *CU*.
7. personaliter] *om*. *C*.
8. femininam] femineam *CU*.
9. quod] *om*. *C*.
10. habent *AC*] habeant *U*.

cela ne semble d'aucune manière être dit conformément à la vérité. Mais si nous ajoutons <que> cet universel *indivisible* est divisé, ou <que> cet universel *non prédicable de plusieurs* est prédiqué de plusieurs, cette présentation montre le vrai sens que nous soutenons.

[§102] Quelqu'un demande peut-être aussi cela : quand j'intellige une chimère, et tel est le sens que j'ai un concept de cette espèce, est-ce qu'on peut dire que j'intellige une chimère qui est une intellection ? Certes, il est vrai que j'ai un concept de cette espèce qui est une intellection. Mais alors, en revanche, qui admettrait que j'intellige une chimère qui est une intellection, si ce n'est que, et j'intellige une chimère, et elle est une intellection ? Mais assurément, si la chimère est une intellection, de toute façon elle existe aussi. Et puisque *chimère* nomme un animal de cette espèce, il est assurément évident aussi qu'un certain animal est une intellection.

[§103] À quoi je réponds que, quand on dit : *j'intellige une chimère* ou *une chimère est intelligée*, l'expression est symbolique. Mais si je dis : *j'intellige une chimère qui (laquelle) existe*, on passe par une expression propre, parce que désormais – par cette phrase *chimère qui (laquelle) existe* –, on traite comme personnellement une chose qu'on constitue et qu'on prétend exister [58]. Car aussi quand on dit *laquelle existe*, non *lequel* [59] *existe*, le rapport se fait à la chimère personnellement par le son vocal féminin qui est du même genre, non pas à l'intellection. Et on doit noter qu'il est nécessaire que, – puisque ces deux phrases : *j'intellige une chimère* et *j'ai une intellection de cette espèce*, ont été affirmées les sens de la chose par soi –, <il est nécessaire, dis-je>, que, jointes à quelque chose pour n'importe quoi, elles <en> conservent entièrement l'intellection, pour cette raison que souvent, les sens [60] ont été appelés discours par soi, individuellement, eux qui cependant, dans le contexte d'une construction grammaticale, possèdent sans contredit une autre valeur.

[§104] Que ces choses maintenant dites à propos des représentations mentales, c'est-à-dire des intellections, suffisent !

58. À rapprocher de la position abélardienne sur les universaux.
59. En latin, intellection est du genre masculin.
60. Les sens des mots, bien sûr.

LA PSYCHOLOGIE D'ABÉLARD

COMMENTAIRE DU «DE INTELLECTIBUS»

Unité et cohérence du « De intellectibus »

L'auteur du *Tractatus* nous présente, dès le premier paragraphe, les grandes lignes du plan qu'il entend suivre : d'abord séparer les intellections des autres affections de l'âme, ensuite les distinguer les unes des autres, parce qu'il estime qu'un tel exercice est nécessaire à la théorie du langage (§1, 7-8). Ainsi Abélard nous donne d'emblée l'itinéraire et le but qu'il poursuit. Il reviendra d'ailleurs à la charge sur cette finalité au § 29 : « ...pour que, d'après elles (*les intellections*), la distinction du langage devienne manifeste. » Ce premier paragraphe sert à la fois d'introduction générale et d'introduction à la première partie de l'opuscule.

Ainsi, du § 2 au § 28, le philosophe fait état des différences entre les intellections et les cinq affections de l'âme qui ressemblent le plus aux intellections, nommément : la sensation, l'imagination, l'estimative, la science et la raison. Ce tour d'horizon constitue la première partie du traité.

Le § 29 annonce la deuxième partie, conformément au plan du § 1, et réitère le but poursuivi. Quant au § 30, il énonce à grands traits, de façon pêle-mêle, et pour ainsi dire « en vrac », les sortes d'intellections qui seront distinguées les unes des autres. « En vrac », puisque, d'une part, l'ordre indiqué ne sera pas suivi dans le texte et que, d'autre part, rien n'indique dans ce paragraphe – qui sert d'introduction à la deuxième partie – que nous y retrouverons comme deux plans de discussion ou de présentation de ces intellections. Un premier plan, grammatical, qui traite (§§31-55) de la relation entre le discours et l'intellection ; un second, logique, qui traite de la relation entre l'intellection, le discours et la réalité des choses. Ce dernier plan s'étend du § 56 au § 68 et termine, à toutes fins utiles, la deuxième partie du traité.

En effet, dès le § 69, le questionnement scolastique cher à Abélard prend le pas sur l'exposé magistral, qui a eu cours jusqu'ici. Jusqu'à l'explicit (§104) se succéderont questions, objections et réponses. Cette partie du plan n'est pas annoncée et aurait facilement pu passer inaperçue, n'eut été du § 78, qui commence par : « Mais maintenant, poursuivons <avec> l'autre partie de notre plan... » et renvoie très clairement à la deuxième question du § 69. Le *Tractatus* comporte donc bel et bien une troisième partie. Cette troisième partie illustre les conséquences ou les répercussions dialectiques des exposés théoriques qui l'ont précédée, fidèle en cela au but que s'était fixé Abélard dès le départ.

En résumé, le *Tractatus* s'articule autour de quatre grands thèmes réunis en trois parties :

1) Distinction des intellections d'avec les cinq autres affections de l'âme qui s'en rapprochent le plus.

2) Distinction des intellections entre elles :

   a) au plan grammatical,

   b) au plan logique.

3) Répercussions dialectiques des distinctions précédentes.

Ainsi, l'unité et la cohérence du *Tractatus* ressortent clairement de ces divisions. Déjà, la première partie se distingue nettement dans le développement. Les divisions de la deuxième partie sont cependant plus floues : d'abord, elles ne sont pas annoncées ; ensuite, on peut à bon droit se demander si l'auteur lui-même était bien conscient d'évoluer ainsi sur ces deux plans – grammatical et logique. En effet, il ne nous est pas possible d'identifier ces deux plans à partir de l'énumération des intellections du § 30. Et si l'ordre adopté dans le développement respecte davantage ces divisions, l'auteur n'a eu cure de les faire ressortir clairement.

Enfin, autant la première partie se détache avec netteté de la deuxième, autant la ligne de démarcation entre la deuxième partie et la troisième est rendue floue par le chevauchement de ces deux parties entre les §§ 69 et 78. En effet, quoique le questionnement commence au § 69, Abélard semble vouloir s'en servir pour exposer sa théorie de l'intellection qui abstrait et de celle qui soustrait, théorie qui va jusqu'au § 73 inclus. Notons en outre que cette intellection qui soustrait ne fait pas partie des sortes d'intellections énumérées au § 30. Mais si ce chevauchement rend plus difficile notre tâche de comprendre et de classer les différentes sortes d'intellections, il ne nuit cependant en rien à l'unité et à la cohérence du *Tractatus*, puisque, somme toute, l'auteur atteint le but qu'il s'était fixé, par les moyens qu'il s'était proposé d'employer : c'est-à-dire identifier clairement les différentes espèces d'intellection pour mettre en évidence la distinction du langage.

1. *Première partie*

Les intellections par rapport aux autres affections de l'âme

Fidèle à cet apophtegme qui veut que rien n'atteigne l'intelligence sans d'abord être passé par les sens (§77, 15-16), Abélard donne la sensation comme la source principale des intellections. Source originelle, puisque « ce que nous percevons par les sens, aussitôt nous l'intelligeons » (§2, 6-7). L'auteur avance cette affirmation, sans doute parce qu'il la considère comme vraie dans la plupart des cas. Cependant, on pourrait objecter qu'elle est discutable, puisque, d'une part, les sens peuvent être trompés et que, d'autre part, même si l'ouïe percevait les sons de voix articulés dans une langue étrangère, ces perceptions ne susciteraient pas l'intellection des choses exprimées. Mais on peut répondre à cela que ces perceptions auditives évoqueront l'intellection d'un quelconque langage humain significatif – que la raison ne confondra à aucun moment avec de simples bruits ambiants – dans le cas de la langue étrangère. Et dans ce cas où, de loin, on percevrait comme ronde une tour hexagonale, nous n'en intelligerions pas moins que c'est une tour.

Ensuite, Abélard donne le mot comme source seconde d'intellection. Source seconde, parce que le mot ne peut affecter l'âme que par le biais d'un sens – soit l'ouïe ou la vue, selon que le mot est dit ou écrit ; source seconde aussi en ce sens que l'intellection d'une chose exprimée par un discours oral ou écrit pourra jaillir dans l'esprit de l'auditeur ou du lecteur, sans la présence réelle de la chose exprimée, par la magie du langage. Car les intellections et les discours qui les provoquent sont de même nature (§31, 5-6). Cette double liaison de la sensation à l'intellection (par la perception sensorielle de la chose même et par la perception des symboles écrits ou oraux) se retrouve chez Aristote et chez Boèce. Chez Aristote, tout au début du traité *De l'interprétation*[1] :

> Les sons émis par la voix sont les symboles des états de l'âme, et les mots écrits les symboles des mots émis par la voix. Et de même que l'écriture n'est pas la même chez tous les hommes, les mots parlés ne sont pas non plus les mêmes, bien que les états de l'âme dont ces expressions sont les signes immédiats soient identiques chez tous, comme sont identiques aussi les choses dont ces états sont les images.

Dans son premier commentaire sur le *Perihermeneias* d'Aristote, Boèce fait remarquer que, de ces quatre sujets (la chose, l'intellection, le mot et l'écriture), deux sont naturels et deux sont artificiels. En effet, la chose ou l'objet est le même pour tous les hommes et provoque chez tous les hommes une intellection qui leur est commune. Car, dit-il, ce qui est un cheval pour les Romains ne devient pas un cerf pour les étrangers et, là où nous intelligeons un cheval, les étrangers n'intelligent pas un chien[2] :

> Horum autem rursus quattuor, duæ sunt naturales, duæ secundum hominum positionem. Voces namque et litteræ secundum positionem sunt, intellectus autem et res naturaliter. [...] Neque enim quod apud Romanos equus est apud barbaros ceruus. [...] Præterea non quod nos intelligimus esse equum, canem barbari putant.

Cette remarque a son importance, puisqu'elle suscite quelques questions. Est-il exact que la même chose perçue – et par

1. Aristote, *De l'interprétation*, 1 (16a3-8), traduction J. Tricot, pp. 77-78.

2. A. M. S. Boethii *Commentarii in librum Aristotelis Peri Ermenias prima editio*, éd. C. Meiser, pp. 37-38 (22-4).

conséquent intelligée – par plusieurs hommes suscitera chez chacun la même intellection ? Comment cette intellection, issue d'une chose singulière (non universelle), devient-elle applicable à d'autres choses singulières ? En d'autres termes, comment l'intellection acquiert-elle l'universalité, elle qui est le signe d'une chose singulière ? Et encore, lorsque cette intellection est exprimée par un ou des sons de voix significatifs, comment ces sons de voix – qui sont eux-mêmes singuliers – provoquent-ils à leur tour une intellection universelle ? Nous espérons trouver dans le *Tractatus*, sinon les réponses, du moins des éléments qui permettent de trouver réponse à ces questions. Il serait en effet étrange que cette remarque, qui stigmatise un incessant va-et-vient entre l'universel et le particulier – ou le singulier –, n'ait laissé aucune trace dans cet opuscule écrit à une époque où la querelle des universaux faisait rage.

Après une brève intervention (§3) pour rappeler que la plupart des auteurs emploient abusivement – de façon homonymique – le terme *sens* pour *intellection*, et même – de façon métonymique – le terme *vue* pour *intellection*, et considérant que la perception sensorielle et l'intellection sont intimement liées, Abélard sent le besoin de souligner leurs différences.

Elles diffèrent l'une de l'autre parce que :

1) La perception sensorielle a besoin d'un instrument corporel (§4).

2) L'intellection n'a besoin ni d'un instrument corporel, ni même de la présence ou de la réalité de la chose sur laquelle elle réfléchit (§5).

3) La sensation n'a pas le pouvoir de délibération, contrairement à l'intellection qui tire ce pouvoir de la raison (§6), « en tant qu'effet permanent de la raison » (§10, 4-5).

Ce qui amène l'auteur à distinguer entre raison et rationalité (§8, 1-4). « Quel que soit l'esprit qui peut discerner à partir d'une nature propre, il possède la rationalité. Mais <possède> la raison celui-là seul qui est en état d'exercer cela facilement, empêché par aucune faiblesse de son âge ou par aucun handicap corporel... » (§9).

Par conséquent, la rationalité est une puissance ; la raison, la rationalité en acte. Vu qu'Abélard classe la raison parmi les affections de l'âme, on doit la supposer commune aux esprits, tant angéliques qu'humains (§8). Avec cette différence toutefois que – l'auteur lui-même le souligne –, le corps chez l'humain peut se révéler être un empêchement à l'exercice de la rationalité, sans pour autant affecter la rationalité elle-même, c'est-à-dire la puissance de raisonner. Cette distinction peut sembler, à prime abord, assez idéaliste et passablement oiseuse. Elle est cependant à la base même d'une mutation importante de l'attitude sociale envers les malades mentaux : au lieu de les attacher dans l'étable avec les bêtes, on les traite comme des humains qui ont besoin de soins. Les esprits angéliques ne possédant pas de corps, il va de soi que, chez eux, l'exercice de la rationalité ne peut être « empêché par aucune faiblesse de <leur> âge ou par aucun handicap corporel [...] qui [...] rendrait fou ou stupide. » (§9, 4-6). Par contre, l'auteur du *Tractatus* dénie aux fous, aux stupides, aux enfants n'ayant pas atteint l'âge de raison et aux vieillards séniles toute capacité d'intelliger, puisque « partout où la raison ne réside pas, il faut nécessairement que de là soit absente l'intellection qui toujours, [...] délibère à partir de la raison ou bien d'une quelconque nature, [...], ou bien d'une quelconque propriété... » (§11).

L'intellection se distingue encore de l'imagination, puisque l'imagination ne délibère de rien à partir de la raison et n'est rien d'autre qu'un certain souvenir de la sensation en ces choses qui sont passées par la sensation (§12). Et puisque la sensation et l'imagination n'ont pas le pouvoir de délibération, on les dit perceptions confuses de l'âme (§13). En outre, en l'absence de la chose intelligée, l'imagination joue le rôle de la sensation (§14). De plus, partout où l'on rencontre la sensation, on peut aussi rencontrer l'imagination, comme chez les bêtes (§16). Enfin, chez les humains, l'habitude de la sensation est si forte que nous ne pouvons pratiquement rien intelliger sans imaginer cette chose – que nous voulons intelliger – comme corporelle et sujette à des propriétés corporelles (§20). Ainsi, chez les êtres raisonnables, ces deux perceptions confuses de l'âme (sensation et imagination) accompagnent l'intellection. Cependant, chez les êtres intelligents (Dieu et un très petit nombre d'hommes), l'intellection est pure et, par conséquent, pour eux, intelliger est la même chose que savoir (§21).

Ce qui amène l'auteur à examiner l'intellection par rapport à la science et à l'estimative. Cette dernière semble être la même chose que l'intellection, à cause de l'usage ou de l'emploi détourné que nous faisons presque quotidiennement du terme *penser* (au sens d'*intelliger*) pour *estimer*. Par exemple, nous disons de façon courante : « Je pense qu'il fera beau demain », alors qu'il serait plus juste de dire : « J'estime qu'il fera beau demain ». Et inversement, nous disons tout aussi couramment « avoir mûrement réfléchi et s'être fait une *opinion* », alors que le résultat de la réflexion est l'*intellection*. Mais, en réalité, la différence est grande puisque estimer, c'est croire – dit Abélard –, et l'estimative est la même chose que la crédulité ou la foi (§24).

Ce rapprochement que fait Abélard, cette synonymie qu'il souligne entre *existimatio*, *credulitas* et *fides* a à ce point irrité Guillaume de Saint-Thierry que ce dernier s'est senti obligé – en bon défenseur de la foi chrétienne – de saisir saint Bernard de l'affaire, et de le prier d'intervenir contre Abélard[1]. Or il ne s'agit pas ici de la foi au sens théologique du terme, c'est-à-dire d'un assentiment de l'intelligence à des vérités religieuses révélées, mais de la foi au sens philosophique, c'est-à-dire d'une croyance qui n'est pas fondée sur des arguments rationnels. En effet, il n'y a aucune commune mesure entre la foi chrétienne et le fait d'affirmer : « Je crois qu'il atteindra son but ». Dans cette affirmation, *croire* est employé pour *estimer*, et Abélard a raison de souligner cette substitution utilisée à foison dans le langage courant. Saint Bernard a d'ailleurs dû voir la différence, prendre note de la bénignité de la chose et du non-fondement d'une telle accusation, puisqu'il ne l'a pas retenue lors du concile de Sens.

« Or intelliger, c'est se représenter mentalement au moyen de la raison, que nous ajoutions créance ou non aux choses intelligées » (§25, 1-3). On peut intelliger cette proposition qu'*un homme est du bois*, poursuit Abélard, sans pour autant croire (ou penser!) que cette intellection s'accorde à la réalité. C'est pourquoi l'estimative n'est d'aucune utilité en regard de la

1. « Absit enim ut hos fines habeat christiana fides, æstimationes scilicet siue opiniones... » : Guillelmus abbas S. Theodorici, *Disputatio aduersus Petrum Abælardum*, Patrologiæ Cursus completus, tome 180, éd. J.-P. Migne, Paris, 1845, col. 249 (B1-3).

connaissance, cette « certitude même de l'esprit, qui persiste néanmoins en l'absence de l'estimative ou de l'intellection » (§27, 2-3). L'estimative ne sert, dans le langage, qu'à unir ou à diviser les choses. Par conséquent, « on ne l'obtient jamais sans l'intellection d'une proposition » (§26, 3-4), alors que l'intellection peut indifféremment jaillir d'un mot, d'une phrase ou d'une proposition.

On peut à bon droit se demander pourquoi Abélard a choisi de distinguer les intellections d'avec les cinq affections de l'âme ci-dessus décrites. De ce qui précède, il ressort clairement qu'il y a relation de cause directe à effet entre la raison et l'intellection, puisqu'elle est « un effet permanent de la raison » (§10, 4-5). La sensation et l'imagination peuvent être vues comme causes instrumentales, puisqu'elles servent d'outils à la constitution des intellections. La science est un effet d'intellections dûment homologuées comme vraies. Quant à l'estimative, elle doit sa place, dans le tableau, à l'usage, qui la fait paraître « être la même chose que l'intellection » (§24, 4-5).

2. *Deuxième partie*

Distinction des intellections entre elles

Telle que nous l'avons mentionnée précédemment, la distinction des intellections entre elles proposée par Abélard s'articule sur deux plans : le plan grammatical et le plan logique. Bien qu'il soit virtuellement impossible de retrouver l'un sans l'autre, on peut cependant discerner que, parmi ces distinctions, les unes sont davantage reliées au plan grammatical, les autres au plan logique. Je les présente donc dans l'ordre du texte, en mettant en évidence les deux plans lorsqu'il y a lieu de le faire.

2.1. Les distinctions à prédominance grammaticale.

Abélard commence cette distinction des intellections entre elles par une division entre les intellections simples et les intellections composées (§31). Il relie immédiatement cette division à l'art du langage par une analogie entre les intellections et les temps des verbes – qui peuvent être simples ou composés (§31, 1-4). Il note en outre un autre lien, plus profond celui-là, de cause à effet entre les discours et les intellections, puisque « la nature des discours qui provoquent les intellections est comme celle des intellections » (§31, 5-6). Des discours simples (les mots), nous obtiendrons des intellections simples. Des discours composés (les phrases), nous obtiendrons des intellections composées (§31, 7-14). À souligner cependant que l'intellection simple « n'est pas celle qui est entièrement exempte de parties, mais celle qui n'en possède aucune par succession » (§33, 2-3). Et Abélard de donner en exemple les noms collectifs (§33, 5-7).

Mais, pourrait-on objecter à l'auteur, plusieurs mots sont équivoques. Par exemple, *ordonner* devrait susciter une intellection simple, puisque c'est un discours simple. Cependant, en entendant ce mot hors contexte, un auditeur peut intelliger *ordonner des mots dans une phrase,* au sens de ranger ou disposer ; ou bien *ordonner de se taire*, au sens de commander ; ou encore *ordonner un prêtre*, au sens de conférer les ordres. Nous avons donc là plusieurs intellections, c'est-à-dire une intellection composée, à partir d'un discours simple. Non, dit Abélard, « on ne doit cependant pas moins dire simple cette intellection, si toutefois elle n'est pas exprimée par parties successives » (§34, 3-5). Donc les mots équivoques provoquent des intellections simples parce que toutes les parties viennent en même temps à l'esprit, de la même manière que je peux embrasser d'un seul regard trois pierres posées devant moi (§34, 10-13). Mais, si j'exprime chacune des parties successivement, j'aurai alors une intellection composée, comme si je regardais les trois pierres une à une, successivement, en plusieurs regards.

Ce qui amène Abélard à considérer le phénomène suivant : le même objet peut donner lieu à une intellection simple ou à une intellection composée, résultant du mode selon lequel on l'intellige. Par conséquent, au moyen du mot, j'ai de cet objet une intellection simple ; au moyen de sa définition – qui est une phrase –, j'en ai une intellection composée (§35). Si, logiquement, le mot et sa définition peuvent parfaitement être intervertis (§37), il n'en va pas de même grammaticalement puisque les propriétés du mot et de la phrase, face à l'acte de connaissance, diffèrent. Par le mot, en effet, nous intelligeons tout en même temps, comme si matière et forme étaient déjà rassemblées : on peut donc dire de l'intellection du mot qu'elle est intellection de choses rassemblées ou composées. Mais, par la phrase, nous intelligeons le tout successivement, en ajoutant des formes à une matière déjà intelligée : c'est pourquoi on peut dire de l'intellection de la phrase qu'elle est une intellection qui rassemble ou encore qui compose (§38). Ainsi le mot – plus précisément le nom – fait connaître à la façon d'une synthèse ; la phrase, à la façon d'une analyse. Il est à noter que le § 37 nous donne une première indication précieuse par rapport à la question que nous nous posions au début : Abélard était-il conscient de jouer à la fois sur le plan grammatical et sur le plan logique ? On doit, dans ce cas-ci, répondre : « oui ».

Aux §§ 41 et 42, l'auteur distingue les noms, comme *animal*, des noms dits indéfinis, comme *non animal*. Mais les mêmes considérations s'appliquent aux noms indéfinis, sauf évidemment que, à l'inverse du nom, ils produisent une intellection de choses divisées. Et de même que la définition du nom produit une intellection qui rassemble, de même la *description* du nom indéfini suscite une intellection qui divise. On aura compris que l'auteur utilise le mot description, puisqu'il va de soi que l'on ne peut définir l'indéfini. Par conséquent, en ce qui concerne le langage, les intellections simples nous viennent des noms, en tant qu'intellections de choses rassemblées (noms) ou divisées (noms indéfinis). Les intellections composées nous viennent des phrases : de la définition du nom, en ce qui concerne l'intellection qui rassemble ; de la description du nom indéfini, pour ce qui est de l'intellection qui divise (§43).

On peut objecter que les intellections simples n'ont absolument aucune partie, puisque c'est d'une seule et unique action de l'intelligence que l'on intellige plusieurs choses en même temps (§44). Abélard voit une réponse à cette objection dans la distinction qu'il fait suivre entre les intellections unes et les intellections multiples (§45).

Sont unes évidemment toutes les intellections simples. L'auteur ajoute cependant que sont également unes toutes les intellections composées, à cette condition toutefois qu'elles soient faites d'une seule liaison, division ou disjonction. Sont multiples les intellections qui ne possèdent pas ces caractéristiques (§46). La question se pose alors : sous quelle condition n'avons-nous qu'une seule liaison, une seule division ou une seule disjonction ? Réponse d'Abélard : quand l'esprit chemine de façon continue, d'une seule impulsion de l'intelligence, et *achève* sans interruption sa démarche (§47). L'auteur s'est même donné la peine de souligner *achève* dans son texte.

Mais dès lors une nouvelle question surgit : quand ce cheminement continu se produit-il ? Le *Tractatus* nous signale deux cas usuels, qu'il met en évidence par quelques exemples :

1) Quand l'esprit lie entre elles des choses pour en constituer une seule entité (§48, 1-5).

2) Quand l'esprit lie entre elles des choses jusqu'à la force d'une seule affirmation, soit par l'acte prédicatif ou d'autre manière (§48, 5-9).

Pour illustrer le premier cas, l'auteur nous sert d'abord une définition : *animal raisonnable*, qui suscite – selon les critères antérieurement exposés – une intellection composée qui rassemble. Même si l'intellection se produit par succession des parties, l'esprit n'en constitue pas moins un tout, c'est-à-dire une seule entité (§49, 1-6). Toujours pour illustrer le premier cas, Abélard passe ensuite à la description d'un nom indéfini : *animal non raisonnable*, qui suscite une intellection composée qui divise. Mais il se retrouve là face à un problème : comment une intellection qui divise peut-elle être *une* ? Elle n'en est pas moins une, argumente-t-il, puisque l'esprit lie l'*animal* et le *non raisonnable* en une seule substance. Il y a néanmoins en même temps division, par la mise à l'écart du raisonnable (§49, 6-13). Et il ajoute : « ...il n'importe pas pour le mode de conception ou pour son *unité* que, dans la réalité, il en soit bien comme on conçoit, ou non ; mais <cela importe> seulement pour la vérité du concept » (§49, 13-16). Nous nous trouvons donc devant une seconde occurrence où Abélard confirme cette dichotomie, dont nous avons fait état, entre le plan grammatical et le plan logique. Et l'auteur de renchérir en affirmant que « sont également unes les intellections *pierre raisonnable* et *chimère blanche*, <tout> comme *animal raisonnable* ou *homme blanc* » (§49, 16-18).

L'auteur soutient encore qu'à l'instar de la définition et de la description, la liaison transitive produit l'unité de l'intellection (§50). En effet, la terminaison chez les latins et, dans la plupart des cas, la préposition en français déterminent entre le mot et son complément comme une propriété d'assemblage qui fait que nous intelligeons le mot et son complément en tant qu'une seule entité cohérente, à condition que « la propriété convienne à cette réalité » (§50, 9-10), semble concéder cette fois Abélard. Comme exemple de liaison transitive, le *Tractatus* propose, entre autres, *la maison de Socrate.* Dans ce cas, la préposition *de* détermine une relation de possession entre la maison et Socrate, de sorte que nous concevons la maison de Socrate comme une entité, de la même manière que si nous disions *la maison socratique* (§50, 15). De plus, cette propriété d'appartenance l'une à l'autre convient à la réalité de la chose.

On peut se demander pourquoi Abélard introduit cette notion de cohérence, ou d'entité cohérente, lorsqu'il s'agit de la liaison transitive, ce qu'il ne semblait nullement exiger auparavant lorsqu'il donnait comme exemple d'unité *pierre raisonnable* (§49, 17). L'auteur ne s'explique pas sur ce point, ce qui fait que l'on pourrait y voir une certaine contradiction. Il n'en est rien cependant, si l'on se souvient qu'au § 49, Abélard expliquait comment le discours (plan grammatical) pouvait susciter l'unité de l'intellection ; en ce qui concerne la liaison transitive, l'introduction de la notion d'entité cohérente indique qu'il considère davantage maintenant le plan logique. En effet, une phrase comme *l'antre de la chimère* est tout aussi cohérente que la *maison de Socrate*, puisque l'esprit ne repousse pas l'idée que l'un puisse appartenir à l'autre, bien que l'un et l'autre n'existent pas en réalité. En d'autres termes, la liaison transitive passe bien, ce qui n'est pas le cas dans une phrase comme le *hennissement du chat*, où l'esprit refusera d'emblée la liaison ; à moins que l'on ne le contraigne à l'accepter, par exemple dans un contexte imaginatif.

Le deuxième cas usuel est amené par cette observation de l'auteur, que l'on rencontre souvent plusieurs liaisons dans une seule intellection ; mais l'une s'ajoutant à l'autre en un mouvement continu de l'intelligence, nous n'obtenons au total qu'une seule liaison dans l'intellection tout entière (§51). Nous pouvons rencontrer cette éventualité quand, dans une proposition, un groupe-sujet est lié à un groupe-prédicat. Pour exemplifier cette possibilité, le *Tractatus* nous offre *un homme qui court est un homme qui marche* (§52). Étant donné que la liaison obtenue dans le groupe-sujet s'ajoute à la liaison obtenue dans le groupe-prédicat, et que l'esprit les traite de façon telle qu'il en obtient une troisième les contenant toutes les deux, « il est nécessaire que cette intellection, que l'esprit s'est efforcé d'obtenir de manière continue d'une seule impulsion de l'intelligence, soit une » (§53, 4-7).

« Mais nous appelons intellection multiple un grand nombre d'intellections détachées les unes des autres », poursuit Abélard (§54). Et il donne, dans le *Tractatus*, trois exemples illustrant les diverses façons dont les intellections peuvent être détachées les unes des autres. D'abord, quand nous mettons en présence deux noms substantifs que nous ne relions l'un à l'autre d'aucune manière, comme *homme bois*. Ensuite, quand nous mettons en présence deux attributs qui pourraient peut-être s'intégrer, mais que nous ne relions à aucune substance-sujet, comme *raisonnable mortel*. Enfin, quand la continuité du discours est rompue par un silence plus ou moins long, comme dans *animal* – silence – *raisonnable*. Dans ces trois cas, l'auteur « fait voir par des paires de mots des intellections séparées qui ne se rencontrent pas pour concevoir une seule chose » (§54, 5-7).

Il est un quatrième cas d'intellections multiples : Abélard nous le décrit dans ses *Gloses sur le Perihermeneias* [1], quand il dit : « *Sicut enim multiplex intellectus potest esse de eadem re, si eam plures intelligant, ita...* ». J. Jolivet, commentant ce passage [2], écrit : « Symétriquement, "l'intellection multiple" peut avoir un objet unique, "si plusieurs le pensent", dit curieusement Abélard ». En fait, ce "si plusieurs le pensent" est équivoque et mérite d'être clarifié. Il ne fait aucun doute, en latin, que le pronom *eam* est mis pour *eamdem rem*, c'est-à-dire cet objet unique, dont Abélard vient de parler. En outre, il est plus convenable de traduire *intelligant* par *intelligent*, puisque *penser*, c'est aussi, nous l'avons vu, *estimer* ou *croire*. Pour dissiper toute équivoque, effectuons les remplacements ; il en résulte alors : « De même que l'intellection multiple peut avoir un objet unique,

1. Abélard, *Glossæ super Perihermeneias,* éd. B. Geyer, p. 326 (22-23).
2. J. Jolivet, *Arts du langage...*, p. 373 (16-18).

si plusieurs <personnes> l'intelligent <cet objet unique>, de même... » Ainsi l'affirmation d'Abélard devient moins « curieuse », puisque l'on peut comprendre ce quatrième cas : si un même objet est perçu et intelligé par plusieurs personnes – soit simultanément, soit successivement –, les intellections obtenues seront essentiellement les mêmes – comme Boèce nous l'a indiqué au début. D'une part, cependant, chaque intellection appartient à chacune des personnes, isolément, et autant de personnes, autant d'intellections, ce qui fait qu'elles sont numériquement multiples ; et, d'autre part, rien ne nous assure qu'elles soient parfaitement superposables, puisque l'un peut retenir des accidents que l'autre n'aura pas retenus. Enfin, il ne peut y avoir, au total, de la part de plusieurs personnes différentes, un seul mouvement continu de l'intelligence, comme c'était le cas de l'intellection *une* obtenue à partir d'objets multiples. Ces raisons me semblent suffisantes pour affirmer la multiplicité de telles intellections, comme le dit bien Abélard.

La conclusion (§55) et l'introduction qui suit (§56, 1-3) assurent la transition entre les distinctions à prédominance grammaticale, que nous venons de voir, et les distinctions à prédominance logique.

2.2. Les distinctions à prédominance logique.

Abélard appelle saines les intellections, tant simples que composées, qui sont les représentations des choses telles qu'elles existent (§56, 3-6). Mais sont dites vaines les intellections, derechef tant simples que composées, « que nous avons pris l'habitude d'appeler plus souvent opinions qu'intellections » (§57, 3-4). L'auteur cite le *Perihermeneias* d'Aristote pour faire valoir que, même si le Philosophe « appelle intellections les conceptions tant vraies que fausses » (§58, 1-2), il n'en appelle pas moins « saines intellections les représentations des choses [...] qui conçoivent l'état de la chose tel qu'il est » (§58, 9-10).

Il dira saines toutes les intellections des choses singulières « parce qu'elles concordent avec l'état des choses » (§59, 1-2). Mais seront au contraire dites vaines les intellections qui sont les représentations d'êtres inexistants, comme la chimère ; et ce, soit que ces êtres n'aient jamais existé, soit qu'ils n'existent plus. Car, argumente l'auteur, ces intellections ne sont soutenues par aucun sujet ou aucun objet, dans le réel, que l'on puisse montrer du doigt en disant avec vérité : voici, par exemple, une chimère. Ainsi, poursuit-il, « il pourrait arriver que l'intellection du nom *homme* soit vaine, s'il se trouvait qu'il n'en existe plus aucun » (§59, 10-12). Par conséquent, puisque ces êtres inexistants ne peuvent être perçus par la sensation, la connaissance que nous en avons provient soit de l'imagination, soit de l'estimative. C'est pourquoi Abélard a décrit auparavant l'intellection vaine comme étant appelée « plus souvent opinion qu'intellection » (§57, 3).

Conformément à Aristote, qu'il a précédemment cité, Abélard convient que ne peuvent être dites vraies ou fausses que ces intellections unes, qui sont le produit d'intellections simples ou composées mises ensemble pour fin de comparaison au moyen d'une proposition : soit pour les unir par l'affirmation, soit pour les diviser par la négation (§60). Ainsi, on délibérera de la vérité ou de la fausseté *conformément* à l'intellection simple, et non pas *au moyen* d'une intellection simple, insiste l'auteur (§61). De fait, poursuit-il, « l'intellection selon laquelle on délibère de quelque chose est une partie de l'intellection délibérante – dans laquelle <partie> se fonde la force de la délibération tout entière –, comme le sont les intellections des termes prédicats » (§62, 6-10). Conséquemment, selon Abélard, les énonciations ne seraient rien d'autre que des intellections délibérantes, « par exemple lorsque nous avançons qu'un homme est un animal et qu'une perle est une pierre, ou bien <est> blanche » (§62, 10-12).

Dans une énonciation, explique Abélard, le terme-sujet est posé comme le réceptacle d'une délibération qui sera entièrement conduite et achevée par le terme-prédicat (§63). Et il ajoute cette phrase qui prouve, hors de tout doute maintenant, qu'il était bien conscient d'évoluer sur deux plans : « c'est bien selon <l'ordre> de l'intelligence aussi – *non seulement selon <celui> de la syntaxe* –, que nous appelons sujet le terme par lequel [...] on subordonne une chose dont ensuite [...] nous délibérons » (§63, 6-10), ce qu'il explicite par un exemple (§64, 1-4). C'est donc à bon escient, poursuit-il, qu'Aristote utilise *être dit* pour *être prédiqué*, puisque le prédicat est dit du sujet – et non l'inverse –, et « est prédicat ce qui est dit et, sujet, ce de quoi on <le> dit » (§64, 8-9). Et de même que c'est dans le terme-prédicat que l'énonciation puise toute sa force, « de même la force de l'intelligence délibérante est établie dans l'intellection du terme qui est dit, c'est-à-dire <qui> est prédiqué » (§64, 18-20).

On reconnaîtra que ce passage est, en pratique, d'une importance capitale. En effet, puisque l'acte prédicatif est la base sur laquelle repose toute la force et de l'énonciation et de l'intelligence délibérante, il va de soi que celui qui possède la maîtrise de l'acte prédicatif sera, par le fait même, le maître de la discussion : soit pour convaincre dans les débats – devant lesquels Abélard n'avait pas la réputation de reculer –, soit pour cerner plus scrupuleusement la vérité – ce qui est, en dernière analyse, l'objectif de la dialectique scolastique.

Toute intellection, simple ou composée, selon laquelle on peut délibérer d'un sujet réel avec vérité, est saine. Et ce, même si cette intellection peut être signifiée au moyen d'un nom partitif – comme *chaque, tout,* ou *l'un et l'autre* – qui, lui, ne peut être dit de rien avec vérité. En effet, dire *l'homme est tout* ou *l'homme est chaque* ne rime à rien. Mais s'il est amené à parler des noms partitifs, c'est qu'Abélard a remarqué que, liés à d'autres noms qui ne sont pas partitifs, ils suscitent les mêmes intellections que les noms collectifs – avec toutefois cette différence que les noms collectifs lient conjointement l'ensemble décrit, alors que les noms partitifs lient l'ensemble comme en séparant chaque individu. Par exemple, *la multitude des choses* suscite une intellection qui équivaut à *toute chose*, mais cette dernière est perçue comme un ensemble où chaque chose serait séparée des autres. C'est pourquoi les noms partitifs et les noms collectifs n'ont pas la même valeur dans une énonciation (§§65-66), qu'ils fassent indifféremment partie du groupe-sujet – comme dans *chaque frère forme la communauté* –, ou du groupe-prédicat – comme dans *la communauté est formée de chaque frère*. En effet, dans la première énonciation, le prédicat – qui contient le nom collectif – nous oblige à voir comme un tout les parties-sujet, alors que dans la deuxième énonciation, le prédicat – qui contient le nom partitif – nous contraint à diviser le tout-sujet en chacune de ses parties.

Si, comme nous l'avons vu, les noms partitifs isolés ne peuvent être prédiqués de rien avec vérité, en revanche, ils ne refusent pas la sujétion, puisque l'on peut dire avec vérité *l'un et l'autre est un homme*, ou *chaque chose est quelque chose* (§67, 1-3). De plus, si les mêmes sons vocaux isolés provoquent toujours les mêmes intellections, par contre, en liaison avec d'autres, ils peuvent produire un sens nettement différent. Il n'est donc pas nécessaire, conclut Abélard, que les sons vocaux soient « tout à fait les mêmes en signification, pourvu qu'ils vaillent tout à fait la même chose dans le contexte d'une construction syntaxique... » (§67, 11-13). Abélard reconnaît ainsi explicitement l'emploi, souvent utile au dialecticien styliste, de la métaphore ou de la métonymie dans un argument. Par exemple, on pourrait retrouver *pétrole* dans la majeure et *or noir* dans la mineure – mots qui valent tout à fait la même chose –, sans que l'argument n'en soit d'aucune façon affaibli ; pourvu évidemment qu'il soit bien construit.

L'auteur du *Tractatus* nous promet un traitement plus abondant de ce sujet particulier : « ce dont nous traitons plus abondamment dans les constructions syntaxiques » (§67, 13-14). Je ne trouve rien dans cet opuscule qui soit digne d'être décrit ou désigné comme étant l'accomplissement de cette promesse. On notera simplement que les XVIIe et XVIIIe livres des *Institutions grammaticales* de Priscien formaient un traité appelé *Priscianus minor* ou *De Constructionibus*[1] au Moyen Âge. Ce traitement promis serait-il un chapitre de la grammaire d'Abélard, considérée comme perdue ? Si oui, quel lien existe-t-il entre le *Tractatus* et cette grammaire ? Bien que personne ne possède présentement de réponse à ces questions, le rapprochement est troublant et, de ce fait, méritait d'être souligné.

Abélard reprend son fil conducteur et annonce les différences entre l'intellection qui divise, celle qui disjoint et celle qui abstrait (§68, 5-6).

Au § 42, l'auteur nous présentait l'intellection qui divise comme étant le produit de la description d'un nom indéfini. Il donnait alors comme exemple *non animal* : *une chose qui n'est pas un animal*. Mais le domaine d'action de l'intellection qui divise est ici plus étendu : il englobe maintenant toute énonciation négative, puisque cette dernière écarte l'attribut comme ne convenant pas

1. H. Keil, *Prisciani Grammatici Cæsariensis Institutionum Grammaticarum*, ex recensione M. Hertzii, Lipsiæ, B.G. Teubneri, 1870 (reprint Hildesheim, Olms, 1961), p. 210.

au sujet. Par exemple, *un homme n'est pas un cheval*, ou *le bien portant n'est pas malade* (§68, 2-4).

Par contre, l'intellection qui disjoint est le produit d'une énonciation affirmative un peu spéciale, qu'Abélard nomme « hypothétique disjointe ». Il parle aussi de « liaison disjonctive » (§68, 15). Mais, à l'aide des exemples que nous fournit le *Tractatus*, tentons de comprendre ce dont il est question. Les exemples sont : *quelque chose est un homme ou un cheval* ; *il est bien portant ou malade* ; *il est debout ou assis*. Dans chacun des cas, on retrouve un groupe-prédicat affirmé d'un sujet à la manière d'une hypothèse. Or les termes du groupe-prédicat ne peuvent convenir ensemble, simultanément, au sujet. Ils s'écartent donc mutuellement. Par contre, cette mise à l'écart de l'un des termes ne s'effectue pas au moyen d'une négation – qui exprime normalement une division –, mais par une *conjonction* qui marque une alternative. Nous retrouvons donc à la fois une liaison (conjonction) et une mise à l'écart (alternative). Pourtant, Abélard persiste à dire *une* l'intellection d'une telle énonciation. Il n'est en cela que fidèle à l'explication déjà avancée au § 49, alors que nous étions devant une situation similaire causée cette fois par une négation : la liaison d'*animal* et de *non raisonnable*, et la mise à l'écart du raisonnable. Ainsi Abélard appelle « liaison disjonctive » ce phénomène par lequel une conjonction (*ou, ou bien* ou encore *soit … soit*) écarte les termes auxquels elle se rapporte, au lieu de les lier. Et il appelle « hypothétiques disjointes » les énonciations qui contiennent, – soit dans le groupe-sujet, soit dans le groupe-prédicat, indifféremment –, une ou plusieurs liaisons disjonctives. Car on peut aussi les rencontrer dans le groupe-sujet, par exemple si nous disons *l'un ou l'autre est certainement le meurtrier*.

Après ces considérations à forte tendance grammaticale et les retours en référence aux §§ 42 et 49, on peut se demander si nous en sommes encore au plan à prédominance logique. En fait, par l'extension à l'énonciation négative du champ d'application de l'intellection qui divise et par l'application de l'unité de l'intellection aux hypothétiques disjointes – qui peuvent aussi rejoindre toute la question des futurs contingents –, Abélard semble nous avoir inconfortablement installés comme à cheval sur la mince frontière qui démarque ces plans l'un de l'autre. Mais nous ne tarderons pas à retrouver, sans ambiguïtés, le plan logique avec les différences de l'intellection qui abstrait et de celle qui soustrait.

En revenant aux intellections saines ou vaines, Abélard se demande si toute intellection qui vise une chose autrement qu'elle est doit être dite vaine. Et en revanche, doit-on juger saine l'intellection qui conçoit une chose comme elle est ? (§69)

Bien que nous soyons fortement tentés de répondre *oui* à ces deux questions, l'auteur nous demande de ne pas précipiter notre jugement, de peur de nous empaler sur quelque incohérence (§70). En effet, poursuit-il, toute intellection qui abstrait conçoit une chose autrement qu'elle existe, d'une certaine manière ; et même si elle concevait cette chose comme elle est en soi – malgré la difficulté d'obtention d'une intellection sans la sensation, dont nous avons fait état au § 20 –, ne la concevrait-elle pas dans autre chose autrement qu'elle est ? (§70, 3-9).

Mais avant d'illustrer par des exemples ce dont nous venons de parler, il convient de cerner cette notion d'« intellection qui abstrait ». Or Abélard donne ce nom à ces intellections par lesquelles nous nous représentons isolément une forme, sans considérer la matière informée ; ou encore, lorsque nous considérons une nature en elle-même, sans considérer les individus qui la concrétisent (§70, 9-13). Il rejoint parfaitement en cela ses *Gloses sur le Perihermeneias*[1], où il écrit : «*Abstrahens uero dicitur, qui unum sic attendit, quod alterum non capit.* [...] *Iste alterum tantum accipit nec ullo modo alterum attendit.*» Ce qui peut se traduire par : «Mais est appelée qui abstrait, <l'intellection> qui vise un seul <aspect d'une chose> de telle sorte qu'elle ne perçoit pas l'autre. [...] Celle-ci reçoit un <aspect> seulement et ne vise l'autre d'aucune manière.»

Par exemple, nous dit l'auteur (§71), quand je vise la couleur d'un corps ou la connaissance d'une âme uniquement en tant qu'elles sont couleur ou connaissance, c'est que – « sans doute par la puissance de la raison » (§71, 5) –, j'abstrais d'une certaine manière ces formes des substances qu'elles habitent pour me les

1. Abélard, *Glossæ super Perihermeneias*, éd. B. Geyer, p. 331 (8-11).

représenter seules, par soi, dans leur nature propre. De même en est-il quand je considère la nature humaine, qui habite chaque homme singulier, sans m'attacher à un individu particulier, mais en considérant l'homme simplement en tant qu'*animal raisonnable mortel.* Mais ce faisant, « j'abstrais l'**universel** à partir de sujets **indivisibles** »[1] (§71, 14-15). Par conséquent, l'abstraction des aspects dits supérieurs se fait à partir des réalités dites inférieures, c'est-à-dire l'abstraction des **universaux** à partir de **sujets indivisibles** au moyen de l'**acte prédicatif**, ou l'abstraction des formes à partir des matières informées au moyen des éléments qui les composent (§72).

À l'opposé, l'intellection qui soustrait est le résultat de la mise à l'écart par l'intelligence des aspects supérieurs d'un sujet pour le regarder isolément, par exemple quand on s'efforce de se représenter une matière sans quelque forme que ce soit (§73).

C'est ici que se termine la distinction proprement dite des intellections entre elles. Ce qui suit traite des conséquences, des effets que produisent les différentes intellections et de leur utilité en regard de l'acte de connaissance ; en d'autres termes, des répercussions qu'elles provoquent dans la distinction du langage et dans la recherche de la vérité.

3. *Troisième partie*

Les répercussions dialectiques

Or, par l'une ou l'autre de ces intellections, s'objecte Abélard (§74), je parais concevoir une chose autrement qu'elle est,

1. Dans *Abélard*, tome I, p. 496, Ch. de Rémusat traduit ce passage par « j'abstrais l'universel des sujets **individuels** ». Or, jamais Abélard n'emploie l'adjectif *indiuiduus* ou son neutre *indiuiduum* pour signifier les individus, les choses singulières ou les êtres un à un. Pour ce faire, il emploie toujours l'adjectif pluriel *singuli* et son neutre *singula*, comme en témoignent de nombreuses occurrences (§31 ; §32 ; §59 ; §65 ; §66 ; §75 ; §91), en particulier aux §§ 71, 6 et 97, 8 où il fait clairement référence aux êtres humains. Quoique le mot français *individu* nous vienne en droite ligne de *indiuiduum*, l'usage l'a vidé de son contenu latin originel *(indivisible)* pour lui substituer le contenu de *singuli*. Pour éviter le quiproquo, il faut donc ici traduire par *indivisibles*, sous peine d'égarer le lecteur contemporain et d'introduire à mauvais escient, dans l'affirmation du péripatéticien du Pallet, une dimension cosmologique ou platonicienne qu'elle ne possède pas.

puisque j'intellige séparément des choses unies qui ne subsistent pas séparément. En outre, quand je considère une chose selon quelques-unes seulement de ses natures ou de ses propriétés, je la vois assurément autrement qu'elle est.

De plus, quand on vise purement et simplement une nature corporelle en cela seulement qu'elle est un corps, ou que l'on choisit n'importe quelle nature **comme universelle**, c'est-à-dire **indifféremment, sans distinction personnelle**, nous l'intelligeons *certainement* autrement qu'elle subsiste. Comme elle ne subsiste purement nulle part, elle ne peut être purement conçue. Et si elle ne subsiste purement nulle part, elle possède là où on la trouve d'innombrables natures ou propriétés qui nous échappent. En outre, comme **aucune nature ne subsiste indifféremment**, c'est-à-dire **comme universelle**, on la trouvera, où qu'elle soit, comme personnellement distincte et même numériquement une (§75).

De fait, poursuit Abélard (§76), la substance corporelle, dans ce corps, qu'est-elle d'autre que ce corps même ? Ou la nature humaine, dans Socrate, qu'est-elle d'autre que Socrate lui-même ? Absolument rien d'autre, mais tout à fait **la même chose** *essentiellement*.

On aura reconnu que nous sommes ici au cœur même de la doctrine abélardienne sur les universaux. « *Quod alius modus est intelligendi quam subsistendi*[1] » : parce que notre mode d'intelliger une chose est autre que son mode d'exister, nous pouvons intelliger séparément certains aspects d'une chose comme les parties d'un tout qui, dans le mode d'existence de cette chose, ne supporteraient pas la division. Par exemple, je peux intelliger de Socrate cet aspect seulement qu'il possède une nature corporelle, c'est-à-dire un corps, bien qu'en réalité je ne puisse séparer Socrate de sa « corporéité ». Et je peux rendre compte de mon intellection par cette énonciation vraie : « Socrate possède un corps ». Je peux tout aussi bien répéter la totalité de l'exercice avec comme sujets Platon, une vache et un cheval. Chaque fois, le prédicat *possède un corps* sera dit avec vérité du sujet. Pourtant, ce n'est pas la même « corporéité » qui habite Socrate, Platon, la

1. Abélard, *Glossæ super Porphyrium*, éd. B. Geyer, p. 25 (31-32).

vache et le cheval. Mais reconnaître que la nature corporelle puisse subsister indifféremment des sujets qui la concrétisent, c'est la « choséifier » en quelque sorte, c'est-à-dire en faire une chose universelle que l'on peut ensuite séparer entre les sujets qui possèdent des corps. C'est la position de Guillaume de Champeaux, qu'Abélard a combattue avec vigueur. C'est pourquoi l'auteur du *Tractatus* affirme qu'il n'y a « aucune nature qui subsiste indifféremment, mais n'importe quelle chose, où qu'elle soit, est personnellement distincte et même on la trouve numériquement une » (§75, 17-20). Par contre, s'il n'existe pas de chose universelle, tels les genres et les espèces, qu'est-ce qu'un universel ? C'est l'intellection du prédicat (§101), dit Abélard, qui rend compte de ces aspects communs que la raison a abstraits de sujets indivisibles (§71), et j'ajouterais « et dont elle a constitué une chose qu'elle traite comme personnellement et qu'elle prétend exister <par elle-même> » (§103).

Ce choix de l'intellection du prédicat en tant qu'universel peut sembler étrange. Toutefois, plusieurs choses dites jusqu'à maintenant peuvent le justifier. D'abord la sensation nous impose une notion de la réalité perçue (§2, 3-4). Mais notre structure mentale est ainsi faite que la réalité perçue est le sujet, mais la notion de cette réalité parvient toujours à l'intelligence sous forme de prédicat. En d'autres termes, les choses sont perçues comme sujets, mais elles sont d'abord intelligées et ensuite connues en tant que prédicat. Par exemple, cet objet qui se meut au loin et que ma vue perçoit sans trop le distinguer, je l'intellige aussitôt comme un animal, parce que ma perception met automatiquement en branle une délibération : « Qu'est-ce que c'est ? », qui doit avoir rapidement un dénouement puisque ma sécurité peut être menacée. Ce qui se traduit dans le langage par : « Cela (ce qui est perçu) est un animal (ce qui est intelligé) » (§2). Semblablement, lorsque, enfants, nous demandions à nos parents, à la vue d'une chose inconnue : « Qu'est-ce que c'est ? », la réponse donnée contenait immanquablement la chose perçue comme sujet et le prédicat, l'intellection et la connaissance nouvelles. Mais notre « faiblesse humaine » est telle que nous ne retenons pas toutes les natures et les propriétés des réalités perçues (§75) ; de sorte que, de ces réalités, nous ne retenons pour ainsi dire que l'essentiel et négligeons la majorité des accidents qui font de cette réalité un individu unique. Par conséquent, nos intellections sont imparfaites. Par contre, c'est cette imperfection de l'intellection qui permet l'usage du nom commun en tant que prédicat et comme outil de connaissance. En outre, il faut se souvenir de ce que nous avons dit au début, notamment que Boèce classait les intellections parmi les choses naturelles, et non pas artificielles, comme le langage. Si les intellections sont naturelles, elles viennent de Dieu, particulièrement les intellections qui abstraient. Mais souvenons-nous aussi que nous sommes raisonnables, et non intelligents, puisque l'intelligence appartient à « un très petit nombre d'hommes et à Dieu seul » (§20, 12-13).

> Inde etiam bene diuinæ menti, non humanæ *huiusmodi per abstractionem conceptiones* adscribuntur, quia homines, qui per sensus tantum res cognoscunt, vix aut numquam ad huiusmodi simplicem intelligentiam conscendunt et ne pure rerum naturas concipiant... Deus uero cui omnia per se patent, quæ condidit, quique ea antequam sint, nouit, *singulos status in se ipsis distinguit* [1], nec ei sensus impedimento est, qui [solam] solus ueram habet intelligentiam [2].

Si nos intellections sont imparfaites alors que nous bénéficions de la présence de la chose perçue et intelligée, la situation tourne au pire lorsque la chose intelligée n'est pas accessible aux sens, soit parce qu'elle est absente, soit à cause de sa nature même (§77). Qui n'a pas intelligé une chose absente pour se rendre compte, en sa présence, qu'elle était en de multiples points différente de son intellection première ? Qui n'a jamais intelligé des êtres incorporels, comme Dieu ou l'âme, comme possédant la forme ou l'aspect d'un corps ? Qui n'a jamais intelligé les esprits comme occupant un lieu, ou composés de membres ? Puisque « toute connaissance humaine vient des sensations » (§77, 15-16), nous intelligeons ce qui n'est pas accessible aux sens à la manière des choses sensibles, donc évidemment autrement que ces choses sont en elles-mêmes. Si nous avons précipitamment répondu :

1. C'est moi qui souligne.
2. Abélard, *Glossæ super Porphyrium*, éd. B. Geyer, p. 23 (6-13).

« oui » à la première question du § 69 – à savoir : *est-ce que toute intellection qui vise une chose autrement qu'elle est doit être dite vaine* ? –, quelle intellection humaine ne sera pas, dans ces conditions, dite vaine ? Et, par voie de conséquence, aucune intellection n'étant saine, toute connaissance humaine devient virtuellement une impossibilité.

Mais poursuivons, en la rappelant, avec l'autre question du § 69 : *est-ce que toute intellection qui intellige une chose comme elle est, doit être dite saine* ? (§78).

À ceux qui seraient tentés de répondre : « oui », Abélard apporte l'objection suivante (§79) : celui qui intellige que cet homme est un âne – ce qui est tout à fait faux – par le fait même qu'il attribue au sujet ce nom d'âne, n'intellige-t-il pas en même temps que cet homme est un animal, et qu'un certain animal est un âne ? Or ces deux propositions sont assurément vraies. Par conséquent, il nous faut concéder comme vraie cette fausse intellection, parce qu'elle conçoit la chose comme elle est.

Réfutons donc ces objections, et répondons aux questions soulevées (§80), dit Abélard.

La première question : *est-ce que toute intellection visant une chose autrement qu'elle est, est vaine* ? peut avoir deux sens, tout comme cette énonciation : *j'intellige cette chose autrement qu'elle est*. Et l'auteur de mettre en évidence l'amphibologie (§81). Si *autrement* se rattache à *intellige*, le sens de la proposition sera que j'ai une manière d'intelliger la chose et qu'elle en a une autre d'exister. Si, par contre, *autrement* se rattache à *qu'elle est*, le sens devient que je l'intellige comme étant d'une façon alors que, en réalité, elle est d'une autre. Par exemple, si j'intellige comme ronde une tour hexagonale. Et selon les divers sens, diverses réponses seront données.

Ainsi, selon le premier sens, la question devient : *est-ce que toute intellection qui a une autre manière de viser que la chose de subsister, est vaine* ?, et on doit répondre : « non », dit Abélard, puisque « nombreux et innombrables sont les modes de l'intelligence de n'importe quelle chose, qui ne sont pas ses modes d'existence, comme il est clair à partir de ce qui précède » (§82, 5-6). Il rejoint là encore ce qu'il écrivait dans ses *Gloses sur Porphyre* [1] :

> Huiusmodi autem intellectus per abstractionem inde forsitan falsi uel uani uidebantur, quod rem aliter quam subsistit, percipiant. [...] Sed non est ita. Si quis enim hoc modo aliter quam se habeat res, intelligat, ut uidelicet ipsam attendat in ea natura uel proprietate quam ipsa non habeat, iste profecto cassus est intellectus. Sed hoc quidem non fit in abstractione.

« Les intellections par abstraction paraissent peut-être fausses ou vaines parce qu'elles perçoivent la chose autrement qu'elle subsiste. [...] Mais il n'en est pas ainsi. Si quelqu'un intellige une chose autrement qu'elle est, de cette façon qu'il la vise selon une nature ou une propriété qu'elle ne possède pas, cette intellection est assurément vaine. Mais ce n'est pas ce qui se produit dans l'abstraction ». Et, par conséquent, la connaissance humaine n'est pas, comme le laissait entendre l'objection, une impossibilité.

Ce passage des *Gloses sur Porphyre* nous permet de faire d'une pierre deux coups, puisqu'en plus de confirmer la réponse au premier sens de la question posée, il confirme tout autant la réponse donnée au deuxième sens : *est-ce que toute intellection visant une chose comme étant autrement qu'elle se trouve, est vaine* ? Il faut répondre : « oui », dit le *Tractatus* (§82).

Mais passons maintenant à la deuxième question : *est-ce que toute intellection qui intellige une chose comme elle est, doit être dite saine* ? (§83).

À cause du sérieux des objections précédentes, dit Abélard (§84), il serait plus prudent d'ajouter *seulement* entre *chose* et *comme*. Cet ajout disperserait l'ambiguïté, et tous sont d'accord si j'intellige que Socrate est un animal, ou que Socrate n'est pas un âne. Mais si je persiste à intelliger que Socrate est un animal *non raisonnable*, je ne le vois pas *seulement* comme il est : en ajoutant *non raisonnable*, je dépasse et excède la manière dont Socrate est. Bien sûr, *en ce que j'intellige cela* (§§85-86) que Socrate est un animal, j'ai une intellection vraie parce que c'est vrai ; mais ce

1. Abélard, *Glossæ super Porphyrium*, éd. B. Geyer, p. 25 (15-22).

n'est qu'une partie de l'intellection composée *animal non raisonnable*, qui est fausse lorsque attribuée à Socrate.

Par contre, si on objecte que celui qui intellige que *Socrate est un âne* intellige le vrai parce qu'un âne est un animal, laissons braire! À la différence d'*animal non raisonnable*, *âne* est un discours simple qui occasionne une intellection simple (§87), comme on l'a vu au § 31. Par conséquent, « nous ne pouvons pas, dans l'acte prédicatif, en distinguer des intellections d'énonciations distinctes, pour pouvoir dire saine l'une d'elles » (§87, 8-10). C'est là une application pratique de la théorie que nous avons vue aux §§ 37-38.

Les §§ 88-89 discutent de la validité d'un syllogisme bâti autour des mêmes sujets, c'est-à-dire l'intellection de Socrate et de l'âne, avec mise en évidence de l'ambiguïté qui peut venir du fait que l'on peut, à partir d'une énonciation, soit intelliger ce que cette énonciation a à signifier, soit intelliger l'énonciation elle-même, c'est-à-dire les mots qui la composent sans égard à la signification. Ce qui sans doute s'apparente à ce que nous avons vu de l'intellection qui soustrait, au § 73 ; en effet, le langage semble être le lieu d'exercice naturel et privilégié de cette sorte d'intellection, puisque, en considérant les mots sans égard à leur signification, nous visons « la matière seule, isolément » (§74, 4) sans la forme.

Quant aux §§ 90-91, ils insistent sur le fait que toute conception de l'esprit n'est pas nécessairement une intellection correcte ; cette dernière est le résultat de cette conception seulement « dans laquelle l'effort même de l'esprit et sa netteté (c'est-à-dire celle de la conception) sont achevés et accomplis » (§90, 21-22). Il ne s'agit pas seulement et simplement d'avoir cette intellection-ci, « mais l'avoir de façon telle que, en plus, l'effort de l'esprit se termine là et soit accompli » (§91, 7-8).

Nouvelles objections aux §§ 92-93, concernant cette fois la signification et l'intellection des universaux. Quand j'entends ce nom *homme*, qu'est-ce que j'intellige au juste dans ce nom ? Si on répond que j'intellige un homme, de quelle manière cela est-il vrai, si je n'intellige pas cet homme-ci ou celui-là ? Car il est certain que *tout homme*, c'est ou celui-ci, ou celui-là, ou quelque autre, puisqu'il en est « des intellections à la ressemblance de la sensation » (§93, 4-5, en référence à §35, 1-2) et que, lorsque je perçois un homme, c'est nécessairement celui-ci, celui-là ou un autre. De plus, *homme* ne signifie rien d'autre que *un certain homme* et, par conséquent, j'intellige encore celui-ci ou celui-là : ce qui semble tout à fait faux.

Abélard répond en corrigeant d'abord le syllogisme (§94), pour affirmer de la majeure (qu'il nomme à tort la mineure!) *quiconque intellige un homme, intellige celui-ci ou celui-là* qu'elle est fausse. Il nous faudra cependant attendre le § 95 pour connaître la raison de cette affirmation. Il donne à la mineure *j'intellige un homme* le sens qui lui convient, c'est-à-dire j'ai une intellection par laquelle je conçois une nature humaine. Par conséquent, il ne concède pas la conclusion *j'intellige celui-ci ou celui-là*. Par contre, la réutilisation contre lui, dans l'objection, de l'analogie entre la sensation et l'intellection dont il s'était servi au § 35, semble avoir fait mouche. En effet, si l'on remplace dans le syllogisme précédent le verbe *intelliger* par *percevoir*, le syllogisme me semble tout à fait valide. L'auteur ne pense pas cependant devoir concéder la conclusion, « malgré la nature de la sensation même, qui se trouve s'exercer seulement dans une chose qui existe » (§94, 25-26), c'est-à-dire, dans le contexte, une chose singulière. Il ne s'explique pas davantage, et s'échappe furtivement en revenant aux intellections, qui « peuvent être obtenues, même si la chose n'existe pas » (§94, 29, en référence au §5).

Mais la raison pour laquelle Abélard donne pour fausse la proposition *quiconque intellige un homme, intellige celui-ci ou celui-là* est mieux étayée. Quand nous avons une intellection par laquelle nous concevons une nature humaine, il ne nous est pas nécessaire pour cela de viser cet homme-ci ou cet homme-là – bien que nous puissions le faire –, puisque, au moyen de l'intellection qui abstrait, nous pouvons viser cette nature humaine « soit avec la distinction d'une personne précise – comme Socrate ou un autre –, soit indistinctement – sans naturellement aucune certitude de la personne » (§95, 10-12). Cette position est à rapprocher de celle exprimée dans les *Gloses sur Porphyre*[1] :

1. Abélard, *Glossæ super Porphyrium*, éd. B. Geyer, p. 27 (24-27).

> Nam et intellectus singularium per abstractionem fiunt, cum scilicet dicitur : hæc substantia, hoc corpus, hoc animal, hic homo, hæc albedo, hoc album. Nam per « hic homo » naturam tantum hominis, sed circa certum subiectum attendo…

« Car les intellections des choses singulières se font par abstraction, quand évidemment on dit : cette substance-ci, ce corps-ci, cet animal-ci, cet homme-ci, cette blancheur-ci, ce blanc-ci. Car par l'entremise de "cet homme-ci", je vise seulement la nature de l'homme, mais dans un sujet déterminé… »

Le § 96 propose une grappe de questions auxquelles l'auteur répond, du § 97 à la fin du traité. La lecture en est facile, et les explications suffisamment claires.

Trois points me semblent cependant dignes de mention. Le § 97 met en évidence une certaine difficulté de représentation mentale occasionnée par les noms partitifs. La phrase *chaque homme* me contraint d'intelliger les humains comme un à un, mais l'impossibilité consiste justement à me représenter chaque individu : « ce que jamais personne, je crois, n'est capable de faire » (§97, 13-14).

Au § 101, particulièrement aux lignes 11-19 qui traitent des intellections des prédicats en tant qu'universels, Abélard établit très clairement par des exemples la position qu'il a prise au § 72 : « cette présentation montre le vrai sens que nous soutenons ».

Enfin, au § 103, quand on affirme intelliger quelque chose qui n'existe pas, l'auteur qualifie l'énonciation « d'expression symbolique ». Mais si l'on persiste à affirmer que ce symbole est une chose existante – ne serait-ce qu'en tant qu'intellection –, Abélard concède que, alors, on « traite comme personnellement une chose que l'on constitue et que l'on prétend exister » (§103, 5-7).

Conclusion

Le contenu du *Tractatus* a été analysé. Les divisions principales soulignent l'unité de l'opuscule, et les grands thèmes en font ressortir les points saillants. La préoccupation, qui obsédait Abélard, de démontrer les relations continues qui existent entre la pensée et le langage, a été, on l'espère, mise en évidence.

Les incursions d'Abélard dans le domaine de la connaissance intellectuelle, sa « psychologie », ne sont-ils que de (nécessaires) à-côtés ayant pour seul but d'expliquer sa théorie du langage et de bonifier la pratique dialectique ? On se gardera d'être trop tranchant. Pour J. Jolivet [1] :

> Il vaut mieux ne pas accorder à sa psychologie de la connaissance plus d'importance que n'en mérite un simple essai marginal, intéressant certes mais qui ne peut être comparé à la grande masse de l'œuvre d'Abélard.

Sans prétendre qu'Abélard ait ouvert la voie à Guillaume d'Ockham et le préfigure – ce dernier apportant l'armature conceptuelle [2] –, il n'est cependant pas interdit de penser que l'auteur du *Tractatus* a, ici comme en logique, entrepris de percer la brèche dans laquelle s'est engouffré le nominaliste du Surrey.

1. J. Jolivet, *Arts du langage...*, p. 374.
2. Voir le tableau synoptique de l'annexe A.

LES AFFECTIONS DE L'ÂME

La sensation	L'imagination	L'opinion	La science	La raison	L'intellection

Cf. §§1-28.

DISTINCTION DES INTELLECTIONS ENTRE ELLES

1. *Les intellections à prédominance grammaticale*

Les intellections simples:		**Les intellections composées:**		**LES INTELLECTIONS UNES**	**LES INTELLECTIONS MULTIPLES**
Positives:	**Négatives:**	**Positives:**	**Négatives:**		
Intellections des choses rassemblées. Ex.: les noms.	Intellections des choses divisées. Ex.: noms indéfinis.	Intellections qui rassemblent. Ex.: la phrase, ou la proposition affirmative.	Intellections qui divisent. Ex.: Description des noms indéfinis, ou la proposition négative.	Toute intellection simple ou composée obtenue d'une seule impulsion de l'intelligence.	Les intellections détachées les unes des autres.

Cf. §§31-55.

2. *Les intellections à prédominance logique*

Les intellections saines:	**Les intellections vaines:**	**Les intellections vraies ou fausses:**	**L'INTELLECTION QUI ABSTRAIT:**	**L'INTELLECTION QUI SOUSTRAIT:**
Celles des choses singulières fondées sur la réalité.	Celles des choses non-fondées sur le réel. Ex.: la chimère.	Celles fondées sur la liaison ou la mise à l'écart du prédicat, et la convenance ou non-convenance de l'une ou l'autre au sujet.	Celle qui considère une nature sans égard aux individus qui la concrétisent.	Celle qui vise la matière d'un sujet sans quelque forme que ce soit.

Cf. §§56-73.

ANNEXE B

VIE ET ŒUVRES D'ABÉLARD

C'est en 1079, à une vingtaine de kilomètres au sud-est de Nantes sur la route de Poitiers, dans « ce bourg formé d'une longue rue et qui se nomme le Pallet » [1], que le seigneur Bérenger et sa femme Lucie accueillirent l'aîné de la famille. Ils le prénommèrent Pierre. Nous ne semblons pas posséder d'autres indications quant au mois et à la date de sa naissance. En revanche, nous savons qu'il fut suivi de Raoul, de Porcaire peut-être et de Dagobert, et enfin de Denyse.

Le seigneur Bérenger avait de l'instruction, et avait conservé un tel goût pour les lettres qu'il voulut le transmettre à ses enfants en faisant précéder de quelques études l'éducation guerrière de ses descendants mâles. Le premier bénéficiaire de cette décision fut bien sûr son fils aîné, qui combla en ce domaine les espérances paternelles. À tel point qu'en accord avec ses parents, il céda son droit d'aînesse et son héritage pour s'adonner à la philosophie. À la dialectique particulièrement, cet art de la guerre intellectuelle, dont le jeune Pierre raffolait :

> Ego vero quanto amplius et facilius in studio litterarum profeci tanto ardentius eis inhesi, et in tanto earum amore illectus sum ut militaris glorie pompam cum hereditate et prerogativa primogenitorum meorum fratribus derelinquens, Martis curie penitus abdicarem ut Minerve gremio educarer ; et quoniam dialecticarum rationum armaturam omnibus

1. Ch. de Rémusat, *Abélard*, tome I, Paris, Lagrange, 1845 (reprint Frankfürt/Main, Minerva GMBH, 1975), p. 1.

> philosophie documentis pretuli, his armis alia commutavi et tropheis bellorum conflictus pretuli disputationum.[1]

Il faut ici prendre en compte la mise en garde que nous sert Jean Jolivet : la dialectique des médiévaux n'a rien à voir avec celle de Platon, et n'est pas exactement identique à celle d'Aristote.

> Pour ce dernier, la dialectique est l'art du raisonnement probable et de la discussion ; elle traite de l'enchaînement correct entre propositions incertaines. Mais dans la première partie du Moyen Âge on appelle dialectique, à la suite de saint Augustin (et plus lointainement des Stoïciens), la science, ou plutôt l'art, comme on disait, qui enseigne à discerner le vrai du faux, et donc qui traite des termes, des propositions, des raisonnements. C'est ce que nous appelons la logique – mot qui d'ailleurs se rencontre aussi chez Abélard. En ce sens donc la dialectique médiévale contient plus de choses que celle d'Aristote.[2]

À cette époque, les connaissances philosophiques se restreignaient aux *Catégories* et au traité *De l'interprétation* d'Aristote (appelé *Perhiermenias*), ainsi qu'à l'*Isagogè* de Porphyre, que l'on connaissait uniquement par la traduction et les commentaires de Boèce. C'est d'ailleurs l'introduction aux *Catégories* que Porphyre a écrite qui déclenchera la fameuse querelle des universaux, laquelle demeure l'un des thèmes principaux du Moyen Âge philosophique. Par Boèce, on connaissait l'existence – et quelques bribes – du traité *De l'Âme* et des *Réfutations sophistiques*. C'est à peu près, avec les commentaires de Boèce sur les *Topiques* de Cicéron, ce qui constituait la base de l'enseignement dialectique. C'est ainsi armé que le jeune chevalier errant de la philosophie, pour reprendre l'expression de Charles de Rémusat, parcourait les provinces, cherchant les maîtres avec qui il pourrait croiser le fer. C'est probablement ainsi que Pierre fit la connaissance de Roscelin, breton lui aussi, et chanoine de

1. Abélard, *Historia calamitatum*, texte critique et introduction par J. Monfrin, Paris, Vrin, 1962, p. 63 (19-28).
2. J. Jolivet, *Abélard ou la philosophie dans le langage*, Paris, Seghers, 1969, pp. 7-8.

Compiègne. Roscelin professait que seules existaient les substances individuelles, et que, par conséquent, tous les noms qui ne représentaient pas ces substances individuelles n'étaient que des produits du langage, des mots, des souffles de voix (*flatus vocis*). Et puisque, de toute évidence, les substances individuelles ne sont pas universelles, les choses universelles ne pouvaient être que ces produits du langage qui nommaient les choses individuelles : par conséquent, les universaux n'avaient pas d'existence réelle. C'est ce que les historiens de la philosophie ont appelé le *nominalisme*, mais que les modernes considèrent plutôt comme un « vocisme ». Alertée par saint Anselme, entre autres, l'Église s'alarma. Cette théorie ébranlait en effet le dogme de la Trinité : ou bien Dieu existait réellement, et il était Un et Indivisible, ou bien seules les Trois Personnes existaient réellement, et le nom de Dieu n'était à toutes fins utiles qu'un nom collectif ne désignant aucune réalité distincte. Comme l'on peut s'y attendre, un concile fut convoqué à Soissons en 1092 ; cette doctrine y fut condamnée, et Roscelin s'exila en Angleterre. « Roscelin's own speculations on the distinction of divine persons in the Trinity were condemned at Soissons in 1092 [1] ». Mais la condamnation consacra la renommée du philosophe. Et l'on croit que c'est au cours de ses voyages en terre française que le jeune Pierre fit sa connaissance, et l'eut comme maître. Puisqu'en 1092, il n'avait que treize ans, il n'est pas déraisonnable de penser que cette rencontre puisse se situer dans les années 1098-99. Mais ce qui est certain, c'est que le jeune Pierre provoqua Roscelin, entra en lice avec lui, et en sortit vainqueur grâce à l'argumentation suivante : le mot, le son de voix, le bruit causé par le contact de l'air avec les cordes vocales, ce bruit que j'entends est un être particulier, individuel. Et s'il est particulier, il n'est évidemment pas universel. C'en était fait de la théorie de Roscelin.

Fort de cette victoire sur un maître aussi réputé, le jeune Pierre entreprit de poursuivre ses études à Paris. Celui qui aurait pu servir de modèle à Stendhal pour son Julien Sorel n'avait alors que vingt ans [2].

1. D.E. Luscombe, *Peter Abelard*, London, The Historical Association, 1979, p. 9.

2. Ch. de Rémusat, *Abélard*, tome I, p. 8, note 2.

Il n'y avait pas à cette époque d'Université de Paris. Il n'y avait à Paris que des écoles, différentes tant par la réputation que par la doctrine. L'enseignement n'y était pas « normalisé », et chaque professeur devait à son habileté et à son art seuls de garder ses élèves. Parmi ces écoles et au-dessus d'elles toutes, l'école épiscopale était la plus fréquentée et la plus célèbre [1]. Les cours – *lectiones*, d'où nous vient le mot *leçons* – se composaient généralement d'une lecture ou d'une dictée, suivie d'un commentaire ou glose, de questions et de discussions. L'école épiscopale avait pignon sur rue dans un cloître adjacent au jardin de l'Archevêché, lui-même voisin de l'église métropolitaine « qui se nommait bien déjà Notre-Dame, mais qui n'était pas le monument magnifique et vénéré que commença Maurice de Sully sous Philippe Auguste [2] » : d'où ce nom de Cloître Notre-Dame qu'elle a conservé. Le chef de cette école renommée était alors Guillaume, dit de Champeaux. Les patronymes au Moyen Âge étant pour la plupart issus de sobriquets ou du lieu d'origine, Guillaume devait le sien à un bourg de la Brie où il était né.

> Archidiacre de Paris, il enseignait avec beaucoup de succès et d'éclat. Il paraît avoir brillé dans la dialectique, donné de quelques-unes des questions qu'elle pose des solutions nouvelles, et appliqué le premier, dans l'école de Notre-Dame, les formes de la logique à l'enseignement des choses saintes : ce qui a fait dire qu'il avait, le premier, professé publiquement la théologie à Paris, et d'une manière contentieuse, en ce sens qu'il aurait introduit la théologie scolastique. [3]

La renommée d'un innovateur si brillant ne pouvait qu'attirer notre Pierre. Son intelligence, sa promptitude à saisir les explications, sa mémoire surprenante, le don de la parole dont il faisait preuve en reproduisant les leçons et en les discutant : somme toute, son attachante personnalité a vite conquis Guillaume de Champeaux. Mais, dès que l'élève eut senti que le maître lui avait enseigné l'essentiel de ses connaissances, Pierre ne tarda pas à

1. Ch. de Rémusat, *Abélard*, tome I, p. 9, note 2.
2. Ch. de Rémusat, *Abélard*, tome I, p. 10.
3. Ch. de Rémusat, *Abélard*, tome I, p. 11.

l'affronter et lui devint vite insupportable. En effet, les maîtres supportent mal les brillants élèves qui sont souventes fois vainqueurs dans les argumentations. Mais ce genre de victoire a un prix : outre l'indignation et l'effroi, le vainqueur excite chez ses condisciples méfiance et jalousie :

> Quod quidem et ipsi qui inter conscolares nostros precipui habebantur tanto majori sustinebant indignatione quanto posterior habebar etatis et studii tempore. Hinc calamitatum mearum, que nunc usque perseverant, ceperunt exordia, et quo amplius fama extendebatur nostra, aliena in me succensa est invidia. [1]

Si le Trivium (dialectique, grammaire, rhétorique) avait assis de confortable façon la renommée de Pierre, en revanche le Quadrivium (arithmétique, géométrie, astronomie et musique) ne lui était guère familier. Il entreprit donc d'étudier les mathématiques sous la direction d'un certain Tirric. Mais l'aisance et la facilité avec lesquelles il maniait les armes du Trivium lui firent cruellement défaut. Il avouait de plus n'avoir aucun goût pour cette matière : de sorte qu'il ne réussissait pas. Son maître se rendit compte qu'il avait l'esprit beaucoup trop occupé ailleurs, et lui en fit la remarque, dit-on, en ces termes : « Quand un chien est repu, il ne fait que lécher le lard! » Le mot de bas latin qui signifie *lécher* était *bajare*. Ainsi, *celui qui léche le lard* se serait dit *bajalardus*. Charles de Rémusat, qui rapporte l'anecdote, dit que « dans l'école de Tirric, on en fit le surnom de Pierre, et ce surnom, qui rappelait un côté faible dans un homme à qui l'on n'en savait pas, fit fortune » [2]. Mais habilement, se vantant de posséder ce qu'on lui disait ne pouvoir prendre, il se fit appeler Habelardus (de *habeo lardum*, j'ai le lard), qui se changea plus tard en Abélard.

Si son esprit était si occupé, c'est que celui que nous appellerons désormais Abélard s'ennuyait des joutes dialectiques, d'une part ; d'autre part, il ambitionnait déjà – malgré son jeune âge – d'ouvrir sa propre école. Il jeta son dévolu sur Melun, ville alors importante et siège royal. Mais il n'avait ni demandé ni

1. Abélard, *Historia calamitatum*, p. 64 (38-44).
2. Ch. de Rémusat, *Abélard*, tome I, p. 13 et p. 14, note 1.

reçu, selon la coutume d'alors, la bénédiction de son ancien maître, Guillaume de Champeaux, pour ce faire. Celui-ci déploya donc tout son pouvoir pour l'en empêcher. Mais le vieux maître avait des ennemis, et l'audace de la jeunesse ainsi que la renommée déjà grande d'Abélard lui obtinrent cette faveur. Il enseigna durant deux ans à Melun. Sa renommée toujours grandissante et son ambition ne pouvaient se contenter d'une province relativement éloignée. La réunion des comtés de Melun et de Corbeil par Louis le Gros fournirent l'occasion à Abélard de se rapprocher de Paris. Il s'installa donc à Corbeil : nous sommes en 1104.

Les tensions qu'occasionnent la volonté de réussir brillamment et la somme excessive de travail provoquée par l'afflux grandissant des élèves ont eu raison de sa santé. Il est contraint de fermer son école, de voyager. Probablement aussi qu'il est retourné se reposer quelque temps au Pallet. Mais aux alentours de Pâques, en 1108, apprenant que Guillaume de Champeaux a abandonné sa chaire à Notre-Dame, il se sent rétabli.

Si le vieux maître a un successeur à Notre-Dame, il semble qu'il n'ait pas renoncé au titulariat de sa chaire, et nous verrons l'importance de ce détail sous peu... Toujours est-il que Guillaume s'est retiré pour former une congrégation volontaire de clercs réguliers, qui deviendra plus tard l'abbaye de Saint-Victor. Hildebert, évêque du Mans, lui demande de ne pas abandonner ses leçons : sa retraite devint donc ouverte au public. C'est ainsi qu'un beau jour, Guillaume reconnut parmi ses élèves Pierre Abélard, venu, disait-il, prendre des leçons de rhétorique. Mais la question des universaux occupait tous les esprits, et le nouveau disciple ne tarda pas à provoquer le maître, dont la doctrine sur ce sujet était à l'opposé de celle de Roscelin. En effet, Guillaume de Champeaux attribuait aux universaux une réalité positive : pour lui, l'humanité était une chose aussi réelle qu'une table, autrement dit. C'est ce que les historiens de la philosophie ont appelé le *réalisme*. Et cette chose universelle résidait tout entière, et essentiellement, dans les individus. Par conséquent, ces derniers ne différaient pas par l'essence, mais uniquement par la multitude de leurs accidents.

> Erat autem in ea sententia de communitate universalium, ut eamdem essentialiter rem totam simul singulis suis inesse

> astrueret individuis, quorum quidem nulla esset in essentia diversitas sed sola multitudine accidentium varietas. [1]

Si l'humanité est une chose réelle, argua Abélard, comment peut-elle être en deux endroits en même temps : avec Platon à Rome et avec Socrate à Athènes ? Et de plus, si elle constitue l'essence des individus, elle est l'individu même : par conséquent, si elle est tout entière avec Socrate à Athènes, Platon s'y trouve aussi, avec lui et en lui. Par ces arguments, et d'autres tout aussi percutants, Abélard força le vieux maître à s'amender : il lui fit rayer de sa formule le mot *essentiellement* pour y substituer *indifféremment*. Mordant ainsi la poussière, Guillaume perdit tout son crédit auprès de ses élèves au profit naturellement du vainqueur. On négligea ses leçons pour se tourner vers Abélard. Le successeur de Guillaume à Notre-Dame, « découragé ou converti » dit Charles de Rémusat[2], offrit la chaire à Abélard et se rangea parmi ses élèves. Abélard avait donc de nouveau une école, régulièrement reconnue cette fois, et à Paris en plus. Mais si le vieux Guillaume avait été terrassé, il était toujours vivant : il accusa son successeur d'avoir été de connivence avec Abélard, et comme il était toujours titulaire de sa chaire – on s'en souvient –, il la fit donner à quelqu'un d'autre, et Pierre dut retourner à Melun pour y recommencer ses leçons. Se sentant trop loin de Paris, il revint s'établir hors les murs sur la montagne Sainte-Geneviève. De là, il régna en maître sur la métropole. Puis, en 1113, il quitta Paris pour la Bretagne. En effet, son père avait embrassé la vie religieuse et, conformément à la règle, sa mère s'apprêtait aussi à prendre le voile : tous deux voulant se faire leurs adieux, elle l'avait rappelé auprès d'elle avant cette cérémonie. Abélard ne passera que quelques semaines en Bretagne. Mais, au lieu de revenir à Paris, il décide d'étudier la théologie. Le maître en la matière était Anselme de Laon, lui-même élève de saint Anselme de Cantorbéry, et maître de Guillaume de Champeaux[3]. C'est donc vers Laon que se dirige Abélard. Mais

1. Abélard, *Historia calamitatum*, p. 65 (85-89).
2. Ch. de Rémusat, *Abélard*, tome I, p. 21.
3. Ch. de Rémusat, *Abélard*, tome I, p. 35.

son nouveau maître ne l'impressionne guère. Il dira de lui qu'il faisait plus de fumée que de lumière :

> Cum ignem accenderet, domum suam fumo implebat, non luce illustrabat. [1]

Abélard espace de plus en plus ses visites aux leçons du maître : il fait en quelque sorte l'école buissonnière. En apparence seulement, dirais-je. Puisqu'il sait que Guillaume de Champeaux a été nommé évêque de Châlons, il prépare sa rentrée à Paris ; mais comment le faire d'éclatante façon ? Ses condisciples lui en fourniront l'occasion. Comme pour souligner malicieusement l'une de ses rares apparitions aux leçons, l'un d'eux lui demande ce qu'il pense de l'enseignement sacré, lui qui n'a jusqu'ici étudié que les sciences profanes. Mordant, Abélard lui répondit qu'il avait la plus haute estime d'une science qui permet le salut des âmes, mais qu'il s'étonnait de voir que des gens lettrés ne pouvaient se contenter des Saintes Écritures ou d'une glose : qu'il leur fallait en plus un maître. On le pria ironiquement de prouver ce qu'il avançait. Non moins ironiquement, Abélard leur demanda de lui trouver un point obscur des Écritures, et qu'il le commenterait dès le lendemain. Il y eut consensus sur le choix de la très obscure prophétie d'Ézéchiel. Certains le prièrent de prendre un peu plus de temps avant de s'exposer : il répondit qu'en cette matière, l'expérience ne valait pas le talent. De fait, quelques-uns seulement assistèrent à la première leçon du lendemain. Mais l'enchantement et les éloges furent si grands qu'on lui demanda de composer une glose conforme à sa leçon. Et ceux qui l'avaient séchée se sont empressés d'assister aux suivantes et de transcrire les gloses rédigées.

> Quo quidem audito, hii qui non interfuerant ceperunt ad secundam et terciam lectionem certatim concurrere et omnes pariter de transcribendis glosis quas prima die inceperam in ipso earum initio plurimum solliciti esse. [2]

Ces gloses sur la prophétie d'Ézéchiel, aujourd'hui perdues, ont sans doute été sa première œuvre théologique. Mais ce succès

1. Abélard, *Historia calamitatum*, p. 68 (170-171).
2. Abélard, *Historia calamitatum*, p. 69 (217-221).

porta ombrage à Anselme, qui entreprit de combattre Abélard sur le terrain de la théologie, comme Guillaume de Champeaux l'avait combattu en philosophie. Aiguillonné par deux de ses supporteurs – Albéric de Reims et Lotulfe de Novare (ou Lotulfe le Lombard) –, Anselme interdit à Pierre de continuer ses leçons et ses gloses, prétextant que s'il arrivait qu'Abélard erre en matière de foi, on pourrait imputer la faute de l'élève au maître. C'en était trop pour l'irréductible esprit médiéval : on cria à la jalousie, à la calomnie et à la persécution. Auréolé d'une gloire nouvelle, Abélard entra triomphalement à Paris. Nous sommes en 1115.

Il n'est plus question de Corbeil, de Melun, ni même de la montagne Sainte-Geneviève : toutes les écoles de Paris lui offrent leur chaire. Fidèle à lui-même, Abélard les possédera en quelque sorte toutes en acceptant la principale : celle de recteur des écoles, à laquelle était attaché un canonicat. C'est alors que, sans être prêtre, il devint chanoine : les uns disent chanoine de Paris ; les autres, de Sens. En vérité, peu importe. Il enseigne à Notre-Dame la logique et la théologie, et les étudiants accourent de tout l'Occident pour l'entendre sur l'une ou l'autre matière. On dit qu'ils étaient environ cinq mille (!) :

> L'affluence fabuleuse des auditeurs de tout pays aux leçons d'Abélard est attestée par tous les contemporains, amis ou ennemis ; d'abord par lui-même, puis par Foulque de Deuil, Bérenger de Poitiers, saint Bernard, Othon de Frisingen, Jean de Salisbury, les auteurs de la *Chronique du couvent de Morigny*, et d'autres... [1]

Il est au faîte de sa gloire. Et, pour une fois, la « mission » philosophique n'est pas faite de misère, d'humiliations et de souffrances : Paris l'adule comme son enfant chéri, et ce nombre (incroyable) d'étudiants paie pour entendre ses leçons. Il est donc riche. Cette situation sera la sienne durant quelques années. Mais, on le sait, la gloire et la richesse n'amènent pas nécessairement le repos. Elles firent d'abord croître démesurément son orgueil, de sorte qu'il se croyait le seul philosophe au monde : *cum jam me*

1. Ch. de Rémusat, *Abélard*, tome I, p. 44, note 1. La chose, il va de soi, est parfaitement invraisemblable.

solum in mundo superesse philosophum estimarem[1]. Elles ont ensuite pavé la voie au cortège des plaisirs : *frena libidini cepi laxare, qui antea vixeram continentissime*[2]. C'est dans ce nouvel état d'esprit qu'il entreprendra la conquête d'Héloïse.

Cet épisode de la vie d'Abélard est trop connu pour que l'on s'y arrête véritablement. Tous ceux qui se sont intéressés à Abélard en ont parlé. On soulignera seulement le refus d'Héloïse – enceinte d'Astrolabe – d'épouser Abélard. Cette prise de position ne cesse d'étonner tout le monde, mis à part les médiévistes. En voici une des principales raisons :

> Le XIIe siècle connaît en effet un fort courant antimatrimonial. Au moment même où la femme se libère, où elle n'est plus considérée comme une propriété de l'homme ou comme une machine à faire des enfants, [...] le mariage est objet de discrédit, aussi bien dans les milieux nobles [...] que dans les milieux scolaires où s'échafaude toute une théorie de l'amour naturel...[3]

Quant au nom d'Astrolabe, dont ils ont affublé leur fils né en 1117, – ce nom que Jean Jolivet qualifie de « mystique et pédantesque[4] » – on peut en donner l'explication suivante. Astrolabe se dit en latin *astrolapsus*. De *astrum*, étoile, et *lapsus*, chute. De fait, cet instrument était employé par les marins pour mesurer la montée ou la chute d'une étoile précise à partir de la ligne d'horizon. D'autre part, si la tradition populaire catholique considère un bébé comme un « petit ange incarné », la tradition populaire celte, quant à elle, considérait les étoiles lointaines comme le lieu d'origine des âmes enfantines. Et cet enfant est né en Bretagne – chez Denyse, sœur d'Abélard – de père breton. Enfin, cet enfant consacrait, ou était le symbole, de la chute de cet astre qu'était son père. C'est sa mère qui lui a donné ce nom « bien rare », dit Cousin. Et il poursuit : « Pour elle, le fils d'Abeilard

1. Abélard, *Historia calamitatum*, p. 70 (254-255).
2. Abélard, *Historia calamitatum*, p. 70 (256-257).
3. J. Le Goff, *Les intellectuels au Moyen Âge*, Paris, Seuil, 1985, p. 45.
4. J. Jolivet, *Abélard*..., p. 20.

était un enfant du ciel. »[1] Quand on sait le goût des parents pour l'analogie, ce nom ne cesse de surprendre, mais il n'étonne point.

Amende honorable faite au tuteur d'Héloïse, l'oncle Fulbert, Abélard épouse en secret son ancienne élève, sans tenir compte de ses protestations, et ils vivent chacun de leur côté. Mais comme la vie chez Fulbert n'est pas facile pour Héloïse, Abélard la fait entrer au couvent d'Argenteuil – une dépendance du cloître de Saint-Denys –, sans toutefois lui faire prendre le voile. Il la visite régulièrement au couvent, « et leur amour ne respectait pas toujours la sainteté du lieu »[2]. Leur fils était en Bretagne, sous la garde de Denyse. Lorsqu'ils apprirent la nouvelle, Fulbert et ses proches crurent qu'Abélard s'était joué d'eux et avait trouvé là un moyen facile de se débarrasser de sa nouvelle épouse, pour protéger sa réputation et continuer sa vie libidineuse. En effet, si on était assez ouvert en ce qui concernait les aventures pré-maritales, on n'acceptait pas que quelqu'un manque à la parole donnée.

> Quo audito, avunculus et consanguinei seu affines ejus opinati sunt me nunc sibi plurimum illusisse, et ab ea moniali facta me sic facile velle expedire.[3]

C'est alors que Fulbert ourdit et ordonna l'acte vengeur qui fera d'Abélard le plus fameux des eunuques. L'évêque de Paris, qui avait juridiction sur les clercs, avait le droit de rendre la justice. On retrouva deux des criminels, leur creva les yeux, et ils subirent la loi du talion. Quant à Fulbert, de qui on ne put tirer d'aveux et qui était protégé par le collège des chanoines de Paris, on confisqua tous ses biens au profit de l'Église. Il se cacha et vécut assez longtemps en se faisant oublier.

Abélard, sous le choc, broyait du noir. Après avoir atteint une telle gloire, oserait-il maintenant se produire de nouveau en public ? Ne serait-il pas la risée de ses ennemis et un embarras pour ses amis ? Depuis les débuts de son aventure amoureuse avec Héloïse, il s'était consacré à elle plus qu'à ses cours et à ses élèves.

1. V. Cousin, *Fragments philosophiques*, tome II, Bruxelles, Société belge de librairie, 1840, p. 258.
2. Ch. de Rémusat, *Abélard*, tome I, p. 65.
3. Abélard, *Historia calamitatum*, p. 79 (578-581).

Il n'était plus le maître flamboyant qui attisait ses auditeurs, mais un enseignant très ordinaire qui livre sans feu et sans passion une matière qui paraît le rebuter. Il composait pour sa bien-aimée des hymnes, des poèmes et des chansons. C'est donc à regret que ses étudiants le désertaient de plus en plus ; et avec eux, l'abondance à laquelle il était habitué. De sorte qu'aujourd'hui, outre sa mutilation, sa situation financière est beaucoup moins reluisante. Il ne voit qu'un moyen d'en sortir : se faire moine. Mais, sursaut d'orgueil et de possessivité, il ne peut se faire à l'idée qu'Héloïse puisse appartenir à un autre. Il exige donc d'elle qu'elle prenne le voile avant que de se faire moine lui-même. Elle adopte la vie monastique à Argenteuil, où elle se trouve déjà. Lui devient moine à Saint-Denys. Ce sont ces événements de l'an 1118 que chante François Villon dans sa *Ballade des dames du temps jadis* [1] :

> Où est la tres sage Helloïs
> Pour qui chastré fut et puy moyne
> Pierre Esbaillart à St-Denis
> Pour son **amour** ot ceste essoyne.

Saint-Denys : la première abbaye du royaume, que la légende disait avoir été fondée par saint Denys l'Aréopagite! Construite par le roi Dagobert vers 630, elle avait été plusieurs fois agrandie et enrichie par ses royaux protecteurs. Il l'avait choisie parce qu'elle était l'abbaye royale, espérant y trouver le silence, l'observance de la règle et l'oubli. Eux l'avaient accueilli avec empressement à cause de sa renommée, espérant qu'il rehausserait la communauté de son éclat. C'est là, croit-on, qu'il aurait été ordonné prêtre. Le fait est qu'il trouva à Saint-Denys une

1. M. Arland, *Anthologie de la poésie française*, Paris, Stock, 1960, p. 128. Cette version est la plus répandue ; il est cependant éclairant de la comparer à celle que nous offre l'édition princeps de Villon, Paris, 1489, que J. Jolivet reproduit à la page 20 de *Abélard*... :

> Ou est la tres sage Helloys
> Pour qui fut chastre et puis moyne
> Pierre Esbaillart a Saint Denis
> Pour son **avoir** eust ceste essoine.

L'édition princeps étant un incunable, il y a fort à parier que la version la plus répandue n'est pas nécessairement la plus fidèle.

communauté indisciplinée, aux mœurs relâchées, et aux dires d'Abélard, l'abbé lui-même, Adam, n'était pas exempt de ces saletés intolérables (*intolerabiles spurcitias*) :

> Erat autem abbatia illa nostra ad quam me contuleram secularis admodum vite atque turpissime, cujus abbas ipse quo ceteris prelatione major tanto vita deterior atque infamia notior erat. Quorum quidem intolerabiles spurcitias ego frequenter atque vehementer modo privatim modo publice redarguens, omnibus me supra modum onerosum atque odiosum effeci. [1]

Saint Bernard, qui n'est pourtant pas toujours d'accord avec Abélard, dira de Saint-Denys que c'est un monastère plus dévoué à César qu'à Dieu.

> La manière dont Abélard parle des désordres de l'abbé et des moines de Saint-Denis, ne permet pas le moindre doute. Ces désordres sont affirmés par saint Bernard, par Guillaume de Nangis, par les annales même du monastère. La chose était commune alors dans beaucoup de couvents... [2]

Abélard, « n'ayant rien perdu de son ardeur combattive *(sic)* » souligne Maurice de Gandillac [3], dénonça les excès des moines tant en privé qu'en public, se mettant ainsi tout le monde à dos. Pour le faire taire, l'occuper à autre chose, et peut-être enfin tirer profit de lui, l'abbé lui demanda de recommencer à donner des leçons, alléguant que le philosophe du monde se devait de devenir le philosophe de Dieu. Il rouvrit donc une école sur les terres du comte Thibaud de Champagne, dans un prieuré comme à l'accoutumée, qu'on croit être celui de Maisoncelle, dans l'arrondissement de Provins [4]. S'étant résolument tourné vers la théologie, il dispensait un enseignement très religieux, sans pour autant négliger les sciences profanes que ses quelques 3.000 étudiants ne cessaient de réclamer. Nous sommes en 1120.

1. Abélard, *Historia calamitatum*, p. 81 (654-660).
2. Ch. de Rémusat, *Abélard*, tome I, p. 72, note 1.
3. M. de Gandillac, *Œuvres choisies d'Abélard*, Paris, Aubier-Montaigne, 1945, p. 15.
4. Ch. de Rémusat, *Abélard*, tome I, p. 73, note 1.

Depuis l'engouement pour les premières *Gloses sur la prophétie d'Ézéchiel* que nous avons connu à Laon, la production littéraire d'Abélard s'est enrichie de nouveaux titres : la *Logica Ingredientibus*, ou Logique pour les débutants ; la première rédaction de sa *Dialectica* ; et deux rédactions de la *Theologia Summi Boni*, que nous a révélée M. Stöltzle sous le titre de *Tractatus de Unitate et Trinitate Divina*. Abélard soutenait que les dogmes pouvaient être présentés sous forme rationnelle, et qu'il n'y a pas de honte à comprendre ce que l'on croit. Dans cette foulée, il enseignait – selon Othon de Frisingen – que, comme la majeure, la mineure et la conclusion forment un discours syllogistique essentiellement un, ainsi le Père, le Fils et le Saint Esprit sont essentiellement un. Mais « malheureusement, dira Sikes [1], on n'a pu retrouver cette phrase dans les écrits d'Abélard ». Il avait de plus noté dans sa *Theologia* [2], citant pourtant saint Augustin [3] :

> Qui putat ejus potentie Deum ut se ipsum ipse genuerit, eo plus errat, quod non solum Deus ita non est sed nec spiritualis creatura, nec corporalis. Nulla enim omnino res est que se ipsam gignat.

« Celui qui croit, dit Augustin, que par sa puissance Dieu s'est engendré lui-même, erre d'autant plus que Dieu n'existe pas de cette façon, ni aucune créature spirituelle ou corporelle. Il n'est absolument aucune chose qui s'engendre elle-même. » Comme à l'accoutumée, ni son enseignement ni ses écrits ne passèrent inaperçus. On cria à l'hérésie, au sabellianisme, et Abélard fit l'objet d'un concile à Soissons en 1121. Chez ses juges, deux vieilles connaissances : Albéric de Reims et Lotulphe le Lombard. Sans même laisser Abélard prendre la parole pour se défendre – tant on craignait d'être confondu par ce qu'on appelait ses « sophismes » –, il fut condamné. Ainsi, de nouveau réduit à l'impuissance, c'est le visage baigné de larmes qu'Abélard jeta

1. J.G. Sikes, *Peter Abailard*, New-York, Russell & Russell, 1965, p. 261, note 5.
2. V. Cousin, *Petri Abælardi Opera*, tome II, Paris, Durand, 1859, p. 84.
3. Augustin, *De Trinitate*, I, 1, Patrologiæ Cursus completus, tome 42, éd. J.-P. Migne, Paris, 1845, col. 820.

lui-même au feu sa *Theologia*. Il devait être détenu dans un cloître à perpétuité, et fut confié comme prisonnier (*tanquam ad carcerem* [1]) à l'abbé de Saint-Médard. L'affaire fit, on s'en doute, beaucoup de bruit. À tel point que le légat du pape reconsidéra le procès, attribua le châtiment d'Abélard à la jalousie des Français, et renvoya l'illustre prisonnier à son couvent de Saint-Denys. Mais, croyant lui faire une faveur, le légat renvoyait Abélard chez ses frères ennemis. On ne tardera pas à le lui faire sentir...

Le nom de Saint-Denys avait été donné à l'abbaye en l'honneur de Denys l'Aréopagite, converti par saint Paul et évêque d'Athènes, saint protecteur du royaume de France. Au hasard de la lecture d'un commentaire de Bède le Vénérable sur les Actes des Apôtres, Abélard remarqua que ce Denys – patron de la France – était évêque de Corinthe, et non d'Athènes ; ce n'était pas, par conséquent, l'Aréopagite converti par saint Paul, mais un autre Denys. Il fit part de sa trouvaille, en plaisantant, à quelques frères qui l'entouraient, inconscient de la tempête qu'il allait soulever. Ceux-ci se firent un devoir d'en avertir l'abbé au plus tôt : ce dernier, outragé, lui opposa Hilduin, le somma de se rétracter, et l'avertit que le roi lui-même serait saisi de l'affaire. En intellectuel honnête, Abélard ne pouvait se résoudre à placer Hilduin au-dessus de Bède, mais tenta un recul stratégique en disant que de toutes façons, cela n'avait pas tellement d'importance puisque tous les deux s'étaient mérité la sainteté. Ce repli, loin de calmer l'abbé, le rebuta davantage, et valut à Abélard la punition monacale, c'est-à-dire le fouet [2].

Las de tant de petitesses, de mesquineries et de persécutions, poussé par quelques fidèles disciples, il résolut de s'enfuir – de nuit – et gagna les terres de Thibaud de Champagne. Il demeura, sous sa protection, à Provins, dans le prieuré de Saint-Ayoul [3] :

> ...et quorumdam discipulorum nostrorum suffragio, nocte latenter aufugi atque ad terram comitis Theobaldi proximam, ubi antea in cella moratus fueram, abscessi. [4]

1. Abélard, *Historia calamitatum*, p. 89 (908).
2. Ch. de Rémusat, *Abélard*, p. 102, note 1.
3. Ch. de Rémusat, *Abélard*, p. 103.
4. Abélard, *Historia calamitatum*, p. 91 (986-989).

Nous ne doutons pas que là, dans la tranquillité de sa retraite, la prière, le recueillement et la réflexion, Abélard ait fait le point, pour se rendre compte qu'il ne pouvait supporter d'autorité autre que la sienne propre, et que son esprit ne trouvait de repos que dans l'obéissance à sa propre conscience. En fait, la promiscuité lui pesait plus que la règle monacale. Comme la possession de sa première école lui avait apporté contentement, gloire et fortune, il conçut alors le dessein de posséder son propre oratoire pour y vivre en ermite, croyant que la solitude serait comme un baume cicatrisant sur des plaies qu'on gardait béantes. Bien sûr, son orgueil et sa fatuité l'empêchaient même de soupçonner qu'il put avoir ses torts. Il imputait à sa supériorité intellectuelle seule le fait d'avoir des ennemis, alors que la plupart du temps, il se les créait par la façon méprisante qu'il avait de s'en servir. Il ne voyait pas non plus, ce qui nous semble évident aujourd'hui, que chaque fois qu'il ambitionnait de posséder le meilleur, il s'exposait au pire. Par exemple, le choix de Saint-Denys – la meilleure –, ne lui apportait que déboires. Mais toujours est-il que, même en fuite, il dépendait toujours de Saint-Denys. Apprenant que l'abbé Adam devait rencontrer le comte Thibaud pour affaire, Abélard demanda au comte d'intercéder pour lui afin que son abbé l'absolve et lui donne la permission de vivre selon la règle monacale partout où bon lui semblerait [1] :

> ...pro me ipse intercederet ad abbatem nostrum, ut me absolveret et licentiam daret vivendi monastice ubicunque mihi competens locus occurreret.

L'abbé Adam, trop content de savoir enfin où était son illustre fugitif, ne voulut rien entendre. Au contraire, pensant qu'Abélard voulait simplement changer de couvent, il répondit qu'après avoir autrefois choisi Saint-Denys comme asile, il ne pouvait quitter sans outrage. Il lui ordonna de rentrer dans les plus brefs délais, sous peine d'excommunication pour lui et son complice, l'abbé de Saint-Ayoul. Ce qui créa, écrit Abélard [2], une certaine anxiété (*anxiati fuimus*).

1. Abélard, *Historia calamitatum*, p. 91 (999-1002).
2. Abélard, *Historia calamitatum*, p. 91 (1016).

Mais le destin a parfois en réserve quelque heureuse surprise... Quelques jours après cet événement, l'abbé Adam mourut. Précisément, le 19 février 1122. Il fut remplacé, le 10 mars, par un habile politicien – l'abbé Suger –, qui deviendra un jour régent du royaume [1]. Abélard saisit aussitôt le nouvel abbé de la requête faite à l'abbé Adam, mais cette fois en précisant davantage ses intentions, semble-t-il. Habilement, Suger agréa la requête sous condition expresse qu'Abélard n'entre jamais dans une autre communauté. La condition fut acceptée, et le tout fut ratifié en présence du roi et des siens [2] :

> ...concesserunt mihi ad quam vellem solitudinem transire, dummodo nulli me abbatie subjugarem, hocque in presentia regis et suorum utrimque assensum est et confirmatum.

Pour s'y être souvent rendu lire et méditer, Abélard connaissait un lieu désert dans la paroisse de Quincy, à l'est de Nogent-sur-Seine, sur la route de Paris. Maintenant libre, mais toujours pauvre, il se fit donner quelques arpents de terrain sur lequel il érigea un oratoire *ex callis et culmo* : de chaume et de roseaux, qu'il dédia d'abord à la Sainte Trinité. Dans cette retraite, il n'est accompagné que d'un seul clerc. Mais l'idole des jeunes ne put demeurer longtemps dans sa solitude : dans Paris, son élargissement de Saint-Denys fut connu, et sa retraite bientôt découverte. Derechef, les élèves accoururent de partout. Loin de les rebuter, la vie sous la tente et la nourriture grossière leur semblait un attrait supplémentaire, pourvu qu'ils puissent entendre leur idole. Ces jeunes comparaient leur vie agreste à celle des premiers philosophes. Le labeur physique, les savantes discussions, la vie communautaire, tout concourait à créer un fort sentiment d'appartenance et à cimenter les amitiés. Bientôt, le petit oratoire de roseaux ne put les accueillir tous pour les leçons : les élèves eux-mêmes offrirent à Abélard d'en construire un plus grand en bois et en pierre. Comme ce lieu avait été pour lui celui de la consolation, il dédia le nouvel oratoire au Consolateur et lui donna le nom de *Paraclet*. Nous sommes, on s'en souvient, en 1122.

1. Ch. de Rémusat, *Abélard*, p. 104, note 1.
2. Abélard, *Historia calamitatum*, p. 92 (1034-1037).

La vie au Paraclet s'écoulait douce et tranquille. La petite communauté respectait une discipline assez sévère quant aux mœurs. La nature se laissait observer, prodiguait ses leçons, et incitait tant le maître que les élèves à la recherche de la vérité. La religion, omniprésente dans les discussions, y était abordée philosophiquement, c'est-à-dire plus comme « une science et un sentiment » que comme « une institution et une cause »[1]. Mais, après quelques années, le ciel d'Abélard sembla de nouveau s'assombrir. Une telle communauté de penseurs libres, dont la renommée grandissait de jour en jour, n'allait pas sans irriter les intégristes catholiques.

Parmi eux, saint Norbert de Xanten, un Rhénan, avait fondé en 1120 à Prémontré – près de Laon – une congrégation de chanoines réguliers, dits « Ordre des Prémontrés ». Ce fanatique, débauché repenti, voyait pour le lendemain la venue de l'Antéchrist, et agissait en conséquence : « il poursuivait avec un zèle redoutable tout ce qui lui semblait menacer la foi et l'unité »[2]. D'autre part, à peu de distance du Paraclet, saint Bernard avait fondé à Clairvaux – vers 1115 – une abbaye dont les membres se dévouaient à l'intérêt de l'Église et au salut des âmes. La « mission » que s'était donnée saint Bernard était de ressusciter l'esprit monastique, en ranimant dans les couvents la morale et la foi. Aussi ambitieux et orgueilleux qu'Abélard, sa mainmise débordait largement les monastères[3] :

> ...il ouvrait un œil vigilant sur le monde, observait les prêtres, les docteurs, les évêques, les princes, les rois, l'héritier de saint Pierre lui-même ; et tantôt suppliant avec douleur, tantôt gourmandant avec force, il avait pour tous des prières, des menaces, des larmes et des châtiments, et faisait sous la bure la police des trônes et des sanctuaires.

Abélard crut, à tort ou à raison, que le Paraclet était sur la liste des suspects. Il est vrai que la proximité de Clairvaux devait sans doute susciter des comparaisons entre les deux couvents, mais rien ne prouve qu'une quelconque action ait été intentée contre le

1. Ch. de Rémusat, *Abélard*, tome I, p. 118.
2. Ch. de Rémusat, *Abélard*, tome I, pp. 115-116.
3. Ch. de Rémusat, *Abélard*, tome I, p. 116.

Paraclet. Par contre, il était inhabituel de dédier une maison ou un lieu à une seule personne de la Trinité, autre que le Fils : les malveillants auraient pu y voir un enseignement particulier, sinon une forme d'hérésie. Les persécutions et les souffrances avaient rendu Abélard craintif, d'inquiet qu'il était naturellement. Il n'est pas exclu non plus que ses déboires l'aient conduit à des tendances paranoïaques. Il était, dit Charles de Rémusat [1],

> ...dans l'angoisse, s'attendant incessamment à être traîné devant un concile comme hérétique ou profane. S'il apprenait que quelques prêtres dussent se réunir, il pensait que c'était le synode qui allait le condamner.

Il était dans cet état d'angoisse lorsque se présenta à la porte du petit cloître une délégation de religieux bretons. Ils étaient de l'abbaye de Saint-Gildas-de-Rhuys. Leur abbé, Hervé, venait de mourir, et les moines de Saint-Gildas avaient pensé à Abélard pour le remplacer. Leur besace contenait, dans la poche avant : l'accord – et peut-être la suggestion – du duc de Bretagne ; le consentement – obtenu pour lui – de l'abbé et des moines de Saint-Denys ; enfin, ils lui offraient une des dignités de l'Église les plus ambitionnées en ce temps-là. Dans la poche arrière : une terre barbare, dont la langue même lui était inconnue ; une communauté de moines, dont la turpitude et l'indomptabilité étaient notoires ; enfin, aux abords de l'abbaye, un peuple désordonné et inhumain [2] :

> Terra quippe barbara et terre lingua mihi incognita erat, et turpis atque indomabilis illorum monachorum vita omnibus fere notissima, et gens terre illius inhumana atque incomposita. ...sic ego ab uno periculo in aliud *scienter* me contuli...

C'est donc en connaissance de cause (j'ai souligné *scienter*) qu'il accepte ce défi. La dignité d'Abbé eut-elle plus de poids dans la balance que la crainte des « nouveaux apôtres » de France ? Et Abélard était pauvre, on le sait. La rente rattachée au titre était généreuse : elle fut certainement prise en considération. Le fait

1. Ch. de Rémusat, *Abélard*, tome I, p. 119.
2. Abélard, *Historia calamitatum*, p. 98 (1243-1250).

est que l'ensemble de ces mobiles l'emporta : abandonnant de nouveau ses élèves, il partit pour la Bretagne. Nous sommes en 1125.

La tâche qui attendait le nouvel abbé de Saint-Gildas se révéla plus lourde que prévu. Non seulement ses moines étaient violents, féroces, désordonnés et désobéissants mais, en sus, le monastère avait été conquis par un seigneur – tyran de la contrée – qui obérait les moines de redevances et de tribut. Or chacun des moines entretenait sa maîtresse, et la plupart avaient des enfants. Tout ce beau monde comptait sur le salaire de l'abbé pour pourvoir aux besoins quotidiens ; mais c'était insuffisant. D'où les plaintes continuelles, les reproches et même les vols. Comme il y allait de l'intérêt de tous de rétablir la discipline, Abélard se fit plus sévère. Mais les moines ne l'entendaient pas ainsi, et la résistance se fit opiniâtre. N'ayant personne vers qui se tourner, ni même à qui se confier, Abélard fut à même de comparer la solitude choisie du Paraclet avec cette solitude imposée par les vicissitudes de la fortune, même entouré de gens.

C'est alors qu'en 1129 lui parvint la nouvelle que les sœurs d'Argenteuil avaient été expulsées de leur cloître l'année précédente – *manu militari* – et qu'elles cherchaient un asile. Abélard vit là l'occasion de rendre service à Héloïse et ses religieuses en leur cédant ce qu'il avait de plus cher au monde, le Paraclet. Nous avons vu précédemment qu'Argenteuil était une dépendance de Saint-Denys. Or cette dépendance avait été négligée des moines pendant plus de cent ans, de sorte que les religieuses se croyaient chez elles. Mais Suger fit valoir les anciens titres et, en 1127, par bulle du pape Honorius II, les religieuses furent dépossédées. Comme elles ne quittaient pas, elles furent expulsées l'année suivante. En cette année 1129 donc, Abélard revint en toute hâte en Champagne [1] :

> ...il engagea la prieure d'Argenteuil à s'établir, avec celles de ses religieuses qui lui restaient attachées, dans l'oratoire abandonné. En même temps, il lui fit, ainsi qu'à ses compagnes, cession perpétuelle et irrévocable du bâtiment et de tous les biens qui en dépendaient. Atton, l'évêque de

1. Ch. de Rémusat, *Abélard*, tome I, p. 127.

> Troyes, approuva cette donation, qui devait être, moins de deux ans après, confirmée par le pape, et déclarée inviolable sous peine d'excommunication.

Abélard reprit tristement le chemin de Saint-Gildas. Cette tristesse n'était due ni à la donation qu'il venait de faire – il l'avait faite généreusement et en était heureux –, ni à la rencontre d'Héloïse. Certes, une grande amitié subsistait entre eux, et elle était devenue – dans le Christ – une sœur digne de lui. Elle était appréciée et tenue en très haute estime par tous : par ses religieuses d'abord, qui voyaient en elle une mère exemplaire. Par les évêques et les prêtres ensuite, qu'elle avait conquis par sa piété et sa droiture dans l'observance de la règle. Par la noblesse enfin, qu'elle fascinait, qu'elle subjuguait de son érudition, de sa gentillesse, et par l'adresse particulière qu'elle avait de conduire les destinées financières des couvents qui lui avaient été confiés. Même saint Bernard a daigné visiter le Paraclet rénové et renouvelé par Héloïse [1]. Cette tristesse lui venait du sentiment, maintenant nettement perçu, que l'ambition avait gâché sa vie [2] :

> Quod nunc quoque ipse de paupere monacho in abbatem promotus incessanter experior, tanto scilicet miserior quanto ditior effectus ; ut nostro etiam exemplo eorum qui id sponte appetunt ambitio refrenetur.

« Moi qui, de pauvre moine, suis devenu abbé, je suis d'autant plus malheureux que je suis devenu plus riche ; que notre exemple serve à réfréner l'ambition de ceux qui sont spontanément portés à la convoitise », dit Abélard.

Au terme du voyage, le Sisyphe du Pallet retrouva son rocher breton. Mais il y avait eu métamorphose : il était sûr maintenant que son oratoire champenois lui survivrait longuement. Certes, les débuts furent difficiles. Les sœurs avaient besoin de ses conseils, de ses leçons, de ses encouragements. Pour lui, le Paraclet était un port, un asile, où il pouvait respirer un peu. Il avait l'impression de semer là dans une bonne terre, et que ses efforts n'étaient pas vains. Ses visites au Paraclet se firent de moins en moins lointaines...

1. M. de Gandillac, *Œuvres choisies*, p. 19, note 2.
2. Abélard, *Historia calamitatum*, p. 107 (1555-1559).

Ses nouvelles préoccupations attisèrent la hargne de ses moines, à tel point que quelques-uns d'entre eux complotèrent pour l'assassiner. Un jour qu'il célébrait la messe, il nota quelque chose d'inusité dans le calice, et crut qu'on y avait versé du poison. Cette défiance trouva sa justification quelques jours après. Appelé auprès du comte de Nantes qui était malade, Abélard fut invité chez l'un de ses frères qui habitaient la ville. Nous ne savons avec certitude si c'était chez Raoul ou chez le chanoine Porcaire. Ce que nous savons, par contre, c'est qu'un valet avait empoisonné un des aliments. Abélard n'y ayant pas touché, un des moines qui l'accompagnaient en mangea et mourut. Ce que voyant, le serviteur criminel se trahit en prenant la fuite [1] :

> ...in ipso altaris sacrificio toxicare me moliti sunt, veneno scilicet calici immisso. Qui etiam quadam die, cum Namneti ad comitem in egritudine sua visitandum venissem, hospitatum me ibi in domo cujusdam fratris mei carnalis per ipsum qui in comitatu nostro erat famulum veneno interficere machinati sunt, ubi videlicet me minus a tali machinatione providere crediderunt. Divina autem dispositione tunc actum est, ut dum cibum mihi apparatum non curarem, frater quidam ex monachis quem mecum adduxeram hoc cibo per ignorantiam usus ibidem mortuus occumberet, et famulus ille qui hoc presumpserat tam conscientie sue quam testimonio ipsius rei perterritus aufugeret.

Après ces événements, Abélard se résolut à employer l'arme absolue du temps : l'excommunication. Ceux qu'il redoutait le plus s'engagèrent à quitter le monastère et à le laisser désormais tranquille. Comme on s'y attend, ils ne tinrent pas leur engagement, et il leur fallut renouveler cet engagement « par ordre du pape et par les soins d'un légat spécialement envoyé, en présence du comte et des évêques » [2].

Rentrant dans son abbaye, Abélard se rendit compte que ceux qui restaient étaient encore pires que les premiers. Au lieu du poison, ils menaçaient ouvertement de lui trancher la gorge. Il

1. Abélard, *Historia calamitatum*, p. 106 (1509-1522).
2. Ch. de Rémusat, *Abélard*, tome I, p. 136.

s'évada donc du monastère, et c'est dans un asile où la sécurité n'était quand même pas absolue qu'il écrivit à un ami fictif l'*Historia calamitatum.* Nous sommes en 1132.

Cette lettre, qui à la fois rappelait saint Augustin et préfigurait Rousseau, parvint aux religieuses du Paraclet et causa tout un émoi dans la communauté. Suffisamment, en tout cas, pour que l'abbesse rompe un silence de plusieurs années, et réponde à cette lettre « pleine de fiel et d'absinthe, qui lui retraçait la malheureuse histoire de leur commune conversion et lui rapportait ses croix continuelles, *à lui particulièrement* » [1] :

> Erant, memini, hujus epistole fere omnia felle et absintio plena, que scilicet nostre conversionis miserabilem hystoriam et tuas, *unice*, cruces assiduas referebant.

J'ai souligné *unice* parce que nous avons là un bel exemple de l'art du langage : l'élève se montre encore une fois à la hauteur du maître. On peut, en effet, traduire romantiquement comme un vocatif : *ô mon unique*. Mais les talents de gestionnaire, l'orgueil et l'esprit d'indépendance d'Héloïse – souvenons-nous de la jeune fille qui refusait ce mariage – m'incitent plutôt à traduire, comme je l'ai fait, par l'adverbe : *à toi particulièrement.* Le reproche est doux, mais ferme! Que s'imagine-t-il, ce fat d'Abélard ? Qu'elle n'a pas eu sa part de malheurs, de peines, de souffrances ? Qu'elle n'aurait pu faire autre chose, trouver quelqu'un d'autre qui lui aurait rendu la vie plus facile ? N'avait-elle pas, lors de leur première rencontre, une renommée qui, d'une manière, valait bien la sienne ? Si son ambition a brisé sa vie à lui, n'a-t-elle pas aussi brisé la sienne à elle ?

Nous ne saurons sans doute jamais avec certitude laquelle des deux interprétations il faut donner à ce mot : peut-être les deux, après tout... Le fait est que ce fut là le début d'un échange épistolaire qui a été maintes fois édité et commenté. Je ne m'y arrêterai donc pas particulièrement, sauf pour souligner ce fait que le *unice* se retrouve dans chacune des autres lettres, mais cette fois avec ce sens clairement romantique que nous lui avons nié dans la première.

1. Héloïse, *Lettre...*, en appendice à l'*Historia calamitatum*, p. 111 (9-12).

Pour revenir à notre abbé de Saint-Gildas en fuite, il reprit une vie itinérante, changeant de refuge chaque fois qu'il se sentait menacé. Mais sa situation était quand même meilleure qu'auparavant. Ayant des amis chez les nobles de la province, bien vu du comte de Nantes, ayant aussi du crédit à Rome, il prit le parti de répéter le tour de force de Saint-Denys. Il demanda, et obtint, de demeurer librement hors de son monastère tout en gardant le rang et le titre d'abbé de Saint-Gildas [1]. Il était ainsi libre de se consacrer à la prédication, à l'écriture, et de faire de fréquentes visites au Paraclet. Il enseigne aux religieuses, les aide, tout en restant lointain avec leur abbesse. Pour rien au monde, en effet, il ne voudrait que la malveillance se fasse le trompette de quelque rumeur qui puisse porter atteinte à l'abbesse et sa communauté. Elle même d'ailleurs soulignera cette froideur et cet éloignement.

L'année 1136 le retrouvera enseignant sur la montagne Sainte-Geneviève, où il eut Jean de Salisbury comme élève. Entre le concile de Soissons et cette année 1136, il avait produit une deuxième rédaction de sa *Dialectica* ; une *Grammaire* – que nous croyons perdue ; la première rédaction de la *Theologia Christiana* ; la première rédaction du *Sic et Non* ; et enfin, comme nous l'avons vu, l'*Historia calamitatum* et ses Lettres à Héloïse.

À compter de cette année 1136 jusqu'au mois de juin 1140, Abélard poursuivra son enseignement et son aide au Paraclet. En outre, son œuvre s'enrichira de la *Logica « Nostrorum petitioni sociorum »* ; des rédactions 2 à 4 de la *Theologia Christiana*, entremêlées des rédactions 1 à 5 de la *Theologia Scholarium* ; d'une troisième rédaction de la *Dialectica*, et d'une deuxième rédaction du *Sic et Non* ; d'un *Commentaire sur l'Épître aux Romains* ; et enfin – ce qui serait considéré de nos jours comme un best-seller, tant il s'est propagé rapidement – le *Scito teipsum*, ou *Connais-toi toi-même*, une œuvre d'éthique.

La recrudescence de sa renommée allait une fois encore lui attirer des ennuis. Un moine cistercien, collaborateur de saint Bernard « qui le [2] consultait souvent », rapporte Ch. de Rémusat [3], prit fortuitement connaissance de la *Theologia*. Étant

1. Ch. de Rémusat, *Abélard*, tome I, p. 141, note 1.
2. On comprend que saint Bernard consultait souvent ce moine cistercien.
3. Ch. de Rémusat, *Abélard*, tome I, p. 183.

de ceux qui estimaient que « depuis la mort de Guillaume de Champeaux et d'Anselme de Laon, le feu de la parole de Dieu s'était éteint sur la terre [1] », ayant connu et, paraît-il, aimé Abélard, Guillaume de Saint-Thierry – c'est son nom –, résolut de porter à l'attention de saint Bernard et à celle de Geoffroi, évêque de Chartres, treize articles condamnables relevés dans l'ouvrage. Sa lettre trahit son incompréhension des méthodes d'Abélard et sa crainte qu'un nouvel éclairage ne mine les fondements même de la foi [2] :

> Il traite l'Écriture sainte comme il traitait la dialectique ; ce ne sont qu'inventions à lui personnelles, que nouveautés annuelles. C'est le censeur et non le disciple de la foi, le correcteur et non l'imitateur de nos maîtres.

Il indique aussi dans sa lettre les noms d'autres livres qu'il avoue ne pas connaître parce qu'on les tient cachés : le *Sic et Non* et le *Scito teipsum.* Mais les titres « monstrueux ne peuvent que cacher d'autres monstruosités [3] ».

Les lettres, et sans doute les rappels inquiets de ce Guillaume de Saint-Thierry, firent leur effet et eurent comme aboutissement le concile de Sens.

Je ne m'attarderai pas sur cet épisode de la vie d'Abélard. À l'instar de l'épisode avec Héloïse chez Fulbert, il est bien connu. Je me contenterai de rappeler que l'on y condamna plusieurs thèses reprochées à Abélard. Ce dernier fait un appel immédiat au pape, et décide de se rendre lui-même à Rome. Mais saint Bernard dépêche un messager chargé d'obtenir la condamnation d'Abélard avant même que l'appel fut entendu. Prenant ainsi Abélard de vitesse, il obtient sa condamnation et celle de ses écrits le 16 juillet 1140. C'est en route vers Rome qu'Abélard apprend que déjà le sort en est jeté et qu'il est condamné. Il se rend alors à Cluny, chez Pierre le Vénérable, où il entreprend son *Dialogue entre un Philosophe, un Juif et un Chrétien.* Le climat de Cluny est rude : les forces d'Abélard déclinent rapidement, et « une maladie de

1. Ch. de Rémusat, *Abélard*, tome I, p. 184.
2. Ch. de Rémusat, *Abélard*, tome I, p. 186.
3. Ch. de Rémusat, *Abélard*, tome I, p. 186.

peau très douloureuse lui laisse peu de tranquillité [1] ». Pierre le Vénérable lui demande de changer de climat, et l'envoie en Bourgogne, au prieuré de Saint-Marcel, près de Châlon-sur-Saône. Il s'y éteindra le 21 avril 1142, sans avoir terminé son *Dialogue*.

Héloïse obtint de Pierre le Vénérable que son corps soit inhumé au Paraclet, et elle le rejoignit le 15 mai 1164. Le 6 novembre 1817, leurs restes furent transportés au Père-Lachaise, à Paris.

> Chargé des préjugés de son temps, comprimé par l'autorité, inquiet, soumis, persécuté, Abélard est un des nobles ancêtres des libérateurs de l'esprit humain.
>
> Ce ne fut pourtant pas un grand homme ; ce ne fut pas même un grand philosophe ; mais un esprit supérieur, d'une subtilité ingénieuse, un raisonneur inventif, un critique pénétrant qui comprenait et exposait merveilleusement. [...] ...il vécut dans l'angoisse et mourut dans l'humiliation, mais il eut de la gloire et il fut aimé [2].

Il n'est pas superflu d'ajouter qu'il fut l'un des plus grands professeurs de philosophie de tous les temps. C'est à ce titre, tout autant qu'à celui de philosophe, qu'il a mérité de passer à l'Histoire.

1. Ch. de Rémusat, *Abélard*, tome I, p. 256.
2. Ch. de Rémusat, *Abélard*, tome I, pp. 273-274.

ORIENTATIONS BIBLIOGRAPHIQUES

ABÉLARD, P., *Du bien suprême*, traduction J. Jolivet (Cahiers d'études médiévales, IV), Montréal, Institut d'études médiévales/Bellarmin – Paris, Vrin, 1978.

— *Historia Calamitatum*, texte critique et introduction par J. Monfrin, Paris, Vrin, 1962.

— *Glossæ super Peri Ermenias*, éd. B. Geyer, Münster, Aschendorff, 1919.

— *Glossæ super Porphyrium*, éd. B. Geyer, Münster, Aschendorff, 1919.

— *Glossæ super Predicamenta aristotelis*, éd. B. Geyer, Münster, Aschendorff, 1919.

— *Logica «Nostrorum petitioni sociorum»*, éd. B. Geyer, Münster, Aschendorff, 1919.

— *Dialectica*, éd. L. M. de Rijk, Assen, van Gorcum & Co., 1956.

ARISTOTE, *Organon (I, Catégories, II, De l'interprétation)*, traduction nouvelle et notes par J. Tricot, Paris, Vrin, 1984.

— *Les Attributions (Catégories). Le texte aristotélicien et les prolégomènes d'Ammonios d'Hermeias*, présentés, traduits et annotés par Y. Pelletier (Collection «Noésis»), Montréal, Bellarmin – Paris, Les Belles Lettres, 1983.

— *Categoriæ uel Prædicamenta*, translatio Boethii, éd. L. Minio-Paluello, *Aristoteles Latinus*, tome I, fascicules 1-5, Bruges – Paris, Desclée de Brouwer, 1961.

— *De interpretatione uel Periermenias*, translatio Boethii, éd. L. Minio-Paluello, *Aristoteles Latinus*, tome II, fascicules 1-2, Bruges – Paris, Desclée de Brouwer, 1965.

— *De l'âme*, traduction nouvelle et notes par J. Tricot, Paris, Vrin, 1947.

ARISTOTELES GRAECE. *Aristotelis opera*, ex recensione I. Bekkeri, edidit Academia Regia Borussica, tomes I-II, Berolini, 1831.

ARISTOTELES LATINUS. *Codices descripsit G. LACOMBE in societatem operis adsumptis A. Birkenmajer, M. Dulong, Aet. Franceschini* (Corpus Philosophorum Medii Aeui), pars prior, Roma, La Libreria dello Stato, 1939.

ARLAND, M., *Anthologie de la poésie française*, Paris, Stock, 1960.

AUGUSTIN, *De Trinitate*, Patrologiæ Cursus completus, tome XLII, éd. J.-P. Migne, Paris, 1845.

BLAIS, M., *L'autre Thomas d'Aquin*, Montréal, Boréal, 1990.

BOÈCE, A. M. S. Boethii *Philosophiæ Consolatio*, edidit L. Bieler (Corpus Christianorum XCIV), Turnholti, 1957.

— *La Consolation de la Philosophie*, traduction par A. Bocognano, Paris, Garnier, 1937.

— *Deuxième commentaire sur l'ISAGOGÈ de Porphyre, I, 10-11*, traduction inédite par Cl. Lafleur, Québec, Université Laval, 1990.

— A. M. S. Boethii *Opera Omnia*, Patrologiæ Cursus completus, tome LXIV (Boethii tomus posterior), éd. J.-P. Migne, Paris, 1847.

— A. M. S. Boethii *Commentarii in librum Aristotelis Peri Ermenias*, recensuit C. Meiser, pars prior *(prima editio)*, Lipsiæ, 1877; pars posterior *(secunda editio)*, Lipsiæ, 1880; (reprint New-York & London, Garland Publishing Inc., 1987).

— A. M. S. Boethii *In Isagogen Porphyrii Commenta*, copiis a G. Schepss comparatis suisque usus recensuit S. Brandt, Vindobonæ, F. Tempsky – Lipsiæ, G. Freytag, 1906.

BOURIN, J., *Très sage Héloïse*, Paris, La Table Ronde, 1980.

BUYTAERT, M., *Petri Abælardi Opera Theologica* (Corpus Christianorum tomes XI, XII, XIII), Turnholti, 1969.

COUSIN, V., *Petri Abælardi Opera*, tome II, Paris, Durand, 1859.

— *Fragments philosophiques*, tome II, Bruxelles, Société belge de librairie, 1840.

FORCELLINI, E., *Lexicon Totius Latinitatis*, Patauii, A. Forni, 1965.

FREUND & THEIL, *Grand Dictionnaire de la Langue latine sur un nouveau plan*, par le Dr. Guill. Freund, traduction N. Theil, Paris, Firmin Didot Frères, Fils & Cie, 1866.

GANDILLAC, M. de, *Oeuvres choisies d'Abélard*, Paris, Aubier-Montaigne, 1945.

GEYER, B., *Peter Abælards Philosophische Schriften*, Münster, Aschendorff, 1919.

GUILLELMUS abbas S. Theodorici, *Disputatio aduersus Petrum Abælardum*, Patrologiæ Cursus completus, tome CLXXX, éd. J.-P. Migne, Paris, 1855.

JOLIVET, J., *Arts du langage et théologie chez Abélard*, Paris, Vrin, 1969.

— *Abélard ou la philosophie dans le langage*, Paris, Seghers, 1969.

— *Aspects de la pensée médiévale: Abélard. Doctrines du langage*, Paris, Vrin, 1987.

— «Doctrines et figures de philosophes chez Abélard» dans *Trierer Theologische Studien* XXXVIII (1980), Trier, Paulinus-Verlag.

KEIL, H., *Prisciani Grammatici Cæsariensis Institutionum Grammaticarum, Libri XVII-XVIII*, ex recensione M. Hertzii, Lipsiæ, B.G. Teubneri, 1870 (reprint Hildesheim, Olms, 1961).

LAFLEUR, Cl., *Quatre introductions à la philosophie au XIIIe siècle. Textes critiques et étude historique* (Publications de l'Institut d'études médiévales, XXIII), Montréal, Institut d'études médiévales - Paris, Vrin, 1988.

LE GOFF, J., *Les intellectuels au Moyen Âge*, Paris, Seuil, 1985.

LETORT-TREGARO, J.-P., *Pierre Abélard*, Paris, Payot, 1981.

LIBERA, A. de, *Penser au Moyen Âge* (Collection «Chemins de pensée»), Paris, Seuil, 1991.

LUSCOMBE, D. E., *Peter Abelard*, London, The Historical Association, 1979.

MEWS, C., «On dating the works of Peter Abelard» dans *Archives d'histoire doctrinale et littéraire du Moyen Âge*, LII (1986), Paris, Vrin.

MINIO-PALUELLO, L., *Opuscula. The Latin Aristotle*, Amsterdam, Hakkert, 1972.

NIERMEYER, J. F., *Mediæ Latinitatis Lexicon Minus*, Leiden, E.J. Brill, 1976.

PERNOUD, R., *Héloïse et Abélard*, Paris, Albin Michel, 1970.

PRANTL, C. von, *Geschichte der Logik im Abendlande*, tome II, Leipzig, 1861 (reprint Graz, Akademische Druck-U. Verlags-anstalt, 1955).

RÉMUSAT, Ch. de, *Abélard*, tomes I et II, Paris, Lagrange, 1845 (reprint Frankfürt/Main, Minerva GMBH, 1975).

SIKES, J. G., *Peter Abailard*, New-York, Russell & Russell, 1965.

THOMAS D'AQUIN, *Somme théologique*, traduite en français et annotée par F. Lachat, 16 volumes, Paris, Vivès, 1854-1861.

THONNARD, F.-J., *Précis d'Histoire de la Philosophie*, Tournai, Desclée & Co., 1937.

— *Extraits des grands philosophes*, Tournai, Desclée & Co., 1946.

TRIERER THEOLOGISCHE STUDIEN XXXVIII, *Petrus Abælardus*, Trier, Paulinus-Verlag, 1980.

ULIVI, L. U., *La psicologia di Abelardo e il «Tractatus de intellectibus»*, Roma, Edizione di Storia e Letteratura, 1976.

WEBER, A., *Histoire de la Philosophie européenne*, Paris, Fischbacher, 1925.

ZUMTHOR, P., *Histoire littéraire de la France médiévale (VIe-XIVe siècles)*, Genève, Slatkine Reprints, 1981.

INDEX VERBORUM POTIORUM

Les chiffres renvoient aux paragraphes.
Les chiffres entre parenthèses indiquent le nombre d'occurrences multiples au sein d'un même paragraphe, ceux entre crochets le nombre d'occurrences total.

TABLE DES MATIÈRES

Achevé d'imprimer en mai 2025 par *La Manufacture - Imprimeur* – 52200 Langres
Imprimé en France – N° d'imprimeur : 250385 – Dépôt légal : septembre 1992